新版

介護職員等による

喀痰吸引・経管栄養 研修テキスト

指導者用

指導上の留意点とQ&A

編集●一般社団法人全国訪問看護事業協会

中央法規

はじめに

　近年、日本では、少子高齢化や医療技術の進歩によって、在宅や施設における質の高い医療・介護サービスへの需要が高まり、安定的な提供体制の整備が急務となった。介護職員を取り巻く状況も例外ではなく、求められる役割が大きく変化した。

　こうした背景から、平成24（2012）年4月に社会福祉士及び介護福祉士法の一部改正によって、介護福祉士等の介護職員が一定の要件の下で、業として喀痰吸引と経管栄養の一部の行為を実施できることになった。喀痰吸引等の行為は、医行為であることに変わりはない。したがって、介護職員が喀痰吸引等を実施するためには、必要な知識と技術を確実に修得し、医療関係者との連携を確保したうえで、利用者の安全を守ることが重要である。

　本書は、不特定多数の者を対象とする第1号・第2号研修の指導者となる看護師等が、確実かつ効果的に喀痰吸引等の研修を行えるよう解説するものである。研修に用いるテキストは、法制化後に、社会情勢の変化や教育・実践の場の現状を踏まえて、これまでに見直しが2回行われた。本制度のしくみや内容は、制度創設当初に比べて浸透している一方で、教育・実践上の課題も浮き彫りになってきた。最新の研修テキスト『新版　介護職員等による喀痰吸引・経管栄養研修テキスト』では、介護職員の業としての医療的ケアの位置づけや、医行為との整理、制度の説明などの重要な視点が整理され、国から発出された感染対策や救急蘇生法などの最新情報が反映された。本書の指導上の留意点を参考にされたい。

　また、第1号・第2号研修は、不特定多数の者に共通する標準的な知識・技術を学修するものであり、研修後の実践の場では、事業所の方針・個別の指示書等に従うこととなる。実践での個別的な対応は、研修での学びと異なり、混乱を生じる可能性もある。本研修の目的は、実践での個別的対応を検討する際の前提となり基本となる標準的な内容の理解にあることを、指導者の皆様も含めて確認しておきたい。

　介護職員が日常生活の介護を中心に担いながら医療的ケアを提供することに、戸惑いや不安を抱える職員も少なくない。だからこそ、介護職員自身ができること、医療関係者との連携の重要性を理解してもらいたい。そして、利用者の安全を守るチーム医療の一員としての自覚をもって、介護職員自身も守れるような活動につなげてほしい。

　介護職員が学修を経て適正な知識と技術をもって、生活支援という専門性をもちながら安全かつ確実に実践され、多職種との効果的な連携によって利用者の安全な療養と生活の質の向上につながることを期待している。本書がその一助となることを願っている。

　令和3（2021）年11月

編集・執筆者を代表して

原口道子

（公益財団法人東京都医学総合研究所社会健康医学研究センター）

目 次

1

カリキュラム

基本研修（講義）

大項目		小項目	到達目標	講義時間(h)
	中項目			
第1章　人間と社会				
	1. 介護職と医療的ケア	①介護職の専門的役割と介護の倫理 ②介護職が医療的行為を行うに至った背景と意義 ③医療的行為をするうえで、介護職に重要なこと ④介護職と医療職の連携	①介護職の専門的役割について説明できる ②医療的行為をするうえで、介護職に重要なことを説明できる	0.5
	2. 介護福祉士等が喀痰吸引等を行うことに係る制度	①社会福祉士及び介護福祉士法改正による制度	①この制度の背景となる社会のニーズを説明できる ②介護福祉士等が喀痰吸引等をできる要件について説明できる ③介護福祉士等が喀痰吸引等をできる行為について説明できる	1.0
第2章　保健医療制度とチーム医療				
	1. 保健医療に関する制度	①保健医療に関する制度 ②介護保険に関する制度 ③障害福祉に関する制度 ④地域保健に関する制度	①保健医療に関する主な制度を説明できる ②介護保険に関する制度を説明できる ③障害福祉に関する制度を説明できる ④地域保健に関する制度を説明できる	1.0
	2. 医療的行為に関係する法律	①医療的行為とは（法律的な理解） ②医療的行為と医療従事者 ③医行為ではないと考えられる行為 ④医療の倫理 ⑤医療倫理4原則	①現行法の下での医療的行為について説明できる ②医療的行為に関係する法律について説明できる ③医療的行為と喀痰吸引や経管栄養について説明できる	0.5
	3. チーム医療と介護職との連携	①チーム医療とその実際 ②喀痰吸引と経管栄養についての医療職と介護職の連携	①チーム医療について説明できる ②チーム医療のチームを構成する主な職種を述べることができる ③喀痰吸引と経管栄養についての医療職と介護職の連携について説明できる	0.5

大項目		小項目	到達目標	講義時間(h)
	中項目			
第3章　安全な療養生活				
1.　喀痰吸引や経管栄養の安全な実施		①安全に喀痰吸引や経管栄養を提供する重要性 ②リスクマネジメントの考え方と枠組み ③ヒヤリハット・アクシデント報告	①安全に喀痰吸引や経管栄養を提供する重要性を説明できる ②リスクマネジメントの考え方と枠組みを説明できる ③ヒヤリハット・アクシデントの報告が予防策につながることを説明できる	2.0
2.　救急蘇生法		①救急蘇生の意義 ②救急蘇生の目的 ③救急蘇生における法律 ④心肺蘇生の意思表示 ⑤救急蘇生法とは ⑥救命の連鎖と市民の役割 ⑦一次救命処置 ⑧人工呼吸の手順 ⑨ AED 使用の手順 ⑩気道異物 ⑪突然の心停止を防ぐために	①救急蘇生について説明できる ②救急蘇生法を説明できる	2.0
第4章　清潔保持と感染予防				
1.　感染予防		①地域集団、施設・組織としての予防策 ②手洗い	①感染予防策が理解できる	0.5
2.　職員の感染予防		①職員自身の健康管理 ②ワクチンによる予防 ③感染防護具（手袋やガウンなど）の装着 ④職員に切り傷がある場合やかぜの場合	①職員自身の健康管理について説明できる ②感染予防としての防護具（手袋やガウン）の装着効果を説明できる ③職員に切り傷がある場合の感染予防法を説明できる	0.5
3.　療養環境の清潔、消毒法		①居室、トイレ、キッチン ②排泄物、嘔吐物、血液や体液の付いた物 ③医療廃棄物の処理	①居室、トイレ、キッチンの清潔を保つ方法を説明できる ②排泄物、嘔吐物、血液や体液の処理について説明できる ③針や血液の付いた手袋の処理について説明できる	0.5
4.　滅菌と消毒		①消毒と滅菌について ②消毒薬の使い方と留意点	①消毒と滅菌について説明できる ②主な消毒薬と使用上の留意点を説明できる	1.0

大項目 中項目	小項目	到達目標	講義 時間 (h)
第5章　健康状態の把握			
1．身体・精神の健康	①健康とは ②平常状態について	①平常状態について説明できる	1.0
2．健康状態を知る項目（バイタルサインなど）	①意欲、顔貌、顔色、食欲、行動など ②バイタルサイン	①バイタルサインや意欲、顔貌、顔色、食欲、行動の観察法や平常状態と違う場合の報告について説明できる ②バイタルサインとそのみかたを説明できる	1.5
3．急変状態について	①急変状態（意識状態、呼吸、脈拍、痛み、苦痛など） ②急変時の対応と事前準備（報告、連絡体制、応急処置、記録）	①急変状態を説明できる ②急変時の対応と事前準備を説明できる ③急変時の報告について説明できる ④連絡体制について説明できる	0.5
第6章　高齢者および障害児・者の「喀痰吸引」概論			
1．呼吸のしくみとはたらき	①生命維持における呼吸の重要性 ②呼吸のしくみと主な呼吸器官各部の名称・機能 ③呼吸器官のはたらき（換気とガス交換）	①呼吸維持の必要性を説明できる ②呼吸のしくみと器官の名称を説明できる ③呼吸器官のはたらきを説明できる	1.5
2．いつもと違う呼吸状態	①いつもと違う呼吸状態 ②呼吸困難がもたらす苦痛と障害	①いつもと違う呼吸状態を推測するための項目が説明できる ②呼吸の苦しさがもたらす苦痛と障害が説明できる	1.0
3．喀痰吸引とは	①痰を生じて排出するしくみ ②痰の貯留を示す状態 ③喀痰吸引とは ④喀痰吸引が必要な状態	①痰を生じて排出するしくみを説明できる ②痰の貯留を示す状態を説明できる ③喀痰吸引が必要な状態を説明できる	1.0
4．人工呼吸器と吸引	①人工呼吸器が必要な状態 ②人工呼吸療法と人工呼吸器 ③非侵襲的人工呼吸療法の場合の口腔内・鼻腔内吸引 ④侵襲的人工呼吸療法の場合の気管カニューレ内部の吸引 ⑤人工呼吸器装着者の生活支援上の留意点 ⑥人工呼吸器装着者の呼吸管理に関する医療職との連携	①人工呼吸器が必要な状態が説明できる ②人工呼吸器のしくみと生活支援における留意点が説明できる ③人工呼吸器装着者に対する吸引の留意点が説明できる ④人工呼吸器装着者の呼吸管理に関する医療職との連携の必要性と具体的な連携内容が説明できる	2.0
5．子どもの吸引について	①吸引を必要とする子どもとは ②子どもの吸引の留意点	①子どもの吸引に関する留意点を説明できる	1.0

8

大項目		小項目	到達目標	講義時間(h)
	中項目			
	6. 吸引を受ける利用者や家族の気持ちと対応、説明と同意	①利用者の吸引に対する気持ち ②家族の吸引に対する気持ち ③利用者・家族の気持ちに添った対応と留意点 ④吸引の実施に関する説明と同意	①利用者・家族の吸引に対する気持ちを理解することの重要性が説明できる ②利用者・家族の吸引に対する気持ちに添った対応をするために必要なことが説明できる ③吸引の実施に関する説明と同意の必要性、説明内容と方法が説明できる	0.5
	7. 呼吸器系の感染と予防（吸引と関連して）	①呼吸器系の感染が起きた可能性を示す状態 ②呼吸器系の感染症 ③呼吸器系の感染の予防	①感染の可能性を示す状態がいえる ②感染の予防として実施すべきことが説明できる	1.0
	8. 喀痰吸引により生じる危険、事後の安全確認	①喀痰吸引に関連した危険の種類 ②危険防止のための医療職との連携体制（日常的な報告・連絡・相談） ③ヒヤリハット・アクシデントの実際と報告 ④ヒヤリハット・アクシデント報告書の書き方	①吸引により生じる主な危険の種類と危険防止のための留意点が説明できる ②危険防止のために必要な医療職との連携のしかたが説明できる ③ヒヤリハット・アクシデントの主な実際が説明できる	1.0
	9. 急変・事故発生時の対応と事前対策	①緊急を要する状態 ②急変・事故発生時の対応 ③急変・事故発生時の事前対策 　―医療職との連携・体制の確認	①緊急を要する状態がいえる ②急変・事故発生時に実施すべき対応が説明できる ③急変・事故発生時の医療職との連携・体制を事前に共有しておくことの重要性と事前対策内容が説明できる	2.0
第7章　高齢者および障害児・者の「喀痰吸引」実施手順解説				
	1. 喀痰吸引で用いる器具・器材とそのしくみ、清潔の保持	①吸引の必要物品 ②必要物品の清潔保持（消毒薬・消毒方法）	①吸引の必要物品がいえる ②吸引器・器具・器材のしくみが説明できる ③必要物品の清潔保持（消毒）方法が説明できる	1.0
	2. 吸引の技術と留意点	①実施前の観察 ②実施準備（医師の指示等の確認、必要物品の準備・設置） ③ケア実施（利用者への説明、安全な実施・確認） ④吸引後の片づけ方法と留意点	①必要物品の準備・設置方法と留意点が説明できる ②吸引前の利用者の状態観察内容がいえる ③吸引前の利用者の準備方法と留意点が説明できる ④吸引実施の流れと吸引中の留意点が説明できる	5.0

大項目 中項目		小項目	到達目標	講義時間（h）
			⑤吸引実施にともなう利用者の身体変化の確認項目と医療職への報告の必要性が説明できる ⑥吸引実施後の吸引物の確認項目と医療職への報告の必要性が説明できる ⑦吸引後の片づけ方法と留意点が説明できる	
	3．喀痰吸引にともなうケア	①痰を出しやすくするケア ②体位を整えるケア ③口腔内のケア	①痰を出しやすくするケアが説明できる ②体位を整えるケアが説明できる ③口腔内のケアが説明できる	1.0
	4．報告および記録	①医師・看護職員への報告および連絡方法 ②記録の意義と記録内容・書き方	①報告および連絡方法について説明できる ②記録の意義・記録内容が説明できる	1.0
第8章　高齢者および障害児・者の「経管栄養」概論				
	1．消化器系のしくみとはたらき	①生命維持における栄養・水分摂取・消化機能の重要性 ②消化器系器官のしくみと役割・機能 ③主な消化器系器官各部の名称と構造 ④嚥下のしくみ	①消化器系器官の役割と機能を説明できる ②嚥下のしくみを説明できる ③消化に関係する器官の名称がいえる	1.5
	2．消化・吸収とよくある消化器の症状	①消化・吸収 ②よくある消化器の症状	①消化・吸収について説明できる ②よくある消化器の症状について説明できる	1.0
	3．経管栄養法とは	①経管栄養が必要な状態 ②経管栄養のしくみと種類	①経管栄養が必要な状態を説明できる ②経管栄養のしくみと種類が説明できる	1.0
	4．注入する内容に関する知識	①経管栄養で注入する内容 ②半固形栄養剤（流動食）を使用する場合	①経管栄養で注入する内容について説明できる	1.0
	5．経管栄養実施上の留意点	①経管栄養実施上の留意点	①経管栄養の実施上の留意点が説明できる	1.0
	6．子どもの経管栄養	①経管栄養を必要とする子どもとは ②子どもの経管栄養に使用する物品・使用法 ③子どもの経管栄養の留意点	①子どもの経管栄養の実際に関する留意点を説明できる	1.0

大項目		小項目	到達目標	講義時間(h)
	中項目			
7.	経管栄養を受ける利用者や家族の気持ちと対応、説明と同意	①利用者の経管栄養に対する気持ち ②家族の経管栄養に対する気持ち ③利用者・家族の気持ちに添った対応と留意点 ④経管栄養の実施に関する説明と同意	①利用者・家族の経管栄養に対する気持ちを理解することの重要性が説明できる ②利用者・家族の経管栄養に対する気持ちに添った対応をするために必要なことが説明できる ③経管栄養の実施に関する説明と同意の必要性、説明内容と方法が説明できる	0.5
8.	経管栄養に関係する感染と予防	①経管栄養を行っている利用者の消化器感染 ②経管栄養を行っている状態の感染予防 ③口腔ケアの重要性	①経管栄養を行っている利用者の消化器感染の可能性を示す状態がいえる ②経管栄養を行っている状態の感染予防として実施すべきことが説明できる ③口腔ケアの重要性が説明できる	1.0
9.	経管栄養により生じる危険、注入後の安全確認	①経管栄養に関連した危険の種類と安全確認、起こりうること ②危険防止のための医療職との連携体制（日常的な報告・連絡・相談） ③ヒヤリハット・アクシデントの実際と報告 ④ヒヤリハット・アクシデント報告書の書き方	①経管栄養により生じる危険の種類と危険防止のための留意点が説明できる ②危険防止のために必要な医療職との連携のしかたが説明できる ③ヒヤリハット・アクシデントの報告書が書ける	1.0
10.	急変・事故発生時の対応と事前対策	①緊急を要する状態 ②急変・事故発生時の対応（報告、連絡体制、応急処置、記録） ③急変・事故発生時の事前対策：医療職との連携・体制の確認	①緊急を要する状態（症状）がいえる ②急変・事故発生時に実施すべき対応が説明できる ③急変・事故発生時の医療職との連携・体制を事前に共有しておくことの重要性と事前対策内容が説明できる	1.0
第9章　高齢者および障害児・者の「経管栄養」実施手順解説				
1.	経管栄養で用いる器具・器材とそのしくみ、清潔の保持	①経管栄養の必要物品 ②必要物品の清潔保持（消毒薬・消毒方法） ③挿入部の清潔保持	①経管栄養の必要物品がいえる ②経管栄養の種類としくみが説明できる ③必要物品の清潔保持（消毒）方法が説明できる ④挿入部の消毒について説明できる	1.0

大項目	小項目	到達目標	講義時間(h)
中項目			
2．経管栄養の技術と留意点	①必要物品の準備・設置（環境整備を含む）と留意点 ②経管栄養開始前の観察 ③経管栄養実施前の準備 ④経管栄養実施手順 ⑤経管栄養実施中の利用者の身体的変化の確認と医療職への報告 ⑥経管栄養実施後の手順と利用者の身体変化の確認 ⑦経管栄養終了後の片づけ方法と留意点	①必要物品の準備・設置方法と留意点が説明できる ②経管栄養前の利用者の状態・観察内容がいえる ③経管栄養前の利用者の準備方法と留意点がいえる ④経管栄養の実施の流れと注入中の留意点が説明できる ⑤経管栄養実施後、利用者の身体変化の確認項目と医療職への報告の必要性を説明できる	5.0
3．経管栄養にともなうケア	①消化機能を維持するケア ②生活様式に添った体位を整えるケア ③口腔内や鼻および皮膚のケア ④胃ろう部（腸ろう部）のケア	①消化機能を促進するケアについて説明できる ②体位を整えるケアについて説明できる ③口腔内や鼻のケアについて説明できる ④胃ろう部（腸ろう部）のケアについて説明できる	1.0
4．報告および記録	①医師・看護職員への報告・連絡方法 ②記録の意義と記録内容・書き方	①報告・連絡方法について説明できる ②記録の意義・記録内容が説明できる	1.0

（合計時間）（50h）

基本研修（演習）

実施ケア等の種類			実施回数	到達目標
基本研修（演習）	喀痰吸引	口腔内吸引	5回以上	介護職員が、喀痰吸引をシミュレーターを用いて、効果的に演習でき一人で実施できる
		鼻腔内吸引	5回以上	
		気管カニューレ内部	5回以上	
	経管栄養	胃ろうまたは腸ろう	5回以上	介護職員が、経管栄養をシミュレーターを用いて、効果的に演習でき一人で実施できる
		経鼻	5回以上	
	救急蘇生法		1回以上	介護職員が、救急蘇生法をシミュレーターを用いて演習できる

実地研修

（第1号研修・第2号研修）

実施ケア等の種類			実施回数	到達目標
実地研修	喀痰吸引	口腔内吸引	10回以上	介護職員が、指導看護師の指導を受けながら、利用者の心身の状態を正確に観察し、指導看護師と連携し医師に報告し、その指示に基づいて、喀痰吸引を安全、安楽かつ効果的に実施できる
		鼻腔内吸引	20回以上	
		気管カニューレ内部	20回以上	
	経管栄養	胃ろうまたは腸ろう	20回以上	介護職員が、指導看護師の指導を受けながら、利用者の心身の状態を正確に観察し、指導看護師と連携し医師に報告し、その指示に基づいて、経管栄養を安全、安楽かつ効果的に実施できる
		経鼻	20回以上	

注：第1号研修については、すべての喀痰吸引等の行為について実地研修を行う。
　　第2号研修については、喀痰吸引等の各行為のうち、任意の行為について実地研修を行う。

2

指導上の留意点

第1章 人間と社会

	講義の必要性・テキストの内容	講義の工夫
1. 介護職と医療的ケア	【講義の必要性】 　本項で紹介されている内容は、受講者は介護職員として、福祉サービスの視点から理解していることである。しかし、医療的行為を行う者としての視点から、利用者の尊厳を守り、自立を支援することについて考えることは今回が初めてである。医療的行為は人の生命に直接関連する行為であり、喀痰吸引や経管栄養を実施する者としての心構えを形成するきわめて重要な内容である。 【テキストの内容】 　介護職員の専門的役割を踏まえ、介護職員が医療的行為をするうえで重要なことをまとめるとともに、介護職員が医療的行為を行うに至った背景と意義について説明している。さらに、医療的行為を行うにあたって、介護職員と医師・看護職員が連携するうえで重要なことをまとめている。	●介護職員の専門領域が生活支援であることを押さえたうえで、介護職員が医療的行為を行う意義や、医療的行為をするうえで重要なことについて、具体的な場面を想起して考えてもらえるように、事例を提示して説明することもよい。また、ディスカッションなどで考えを深めることもよい。
2. 介護福祉士等が喀痰吸引等を行うことに係る制度	【講義の必要性】 　介護福祉士等が、喀痰吸引等を実施することになった背景について理解を深める必要がある。 　また、喀痰吸引等を実施するには、認定特定行為業務従事者として認定証の交付を受けるだけでなく、事業所が登録特定行為事業者として登録されることが必要である。喀痰吸引等の実施にあたり、求められる要件について理解を促すことが重要である。 【テキストの内容】 　認定特定行為業務従事者の認定の種類と実施可能な行為の種類、登録研修機関が行う研修の内容、登録喀痰吸引等事業者（登録特定行為事業者）の要件について紹介している。	●テキストで紹介されている図や、本書「4　介護職員等による喀痰吸引と経管栄養のＱ＆Ａ」なども利用しながら講義をすすめる。

第2章 保健医療制度とチーム医療

	講義の必要性・テキストの内容	講義の工夫
1. 保健医療に関する制度	【講義の必要性】 　介護職員は介護保険制度や障害者総合支援制度などは日常業務で接しているが、保健医療に関する制度に接することは少ないため、制度全般の理解を促すことが重要である。 【テキストの内容】 　医療保険、介護保険、障害者総合支援制度、地域	●本項は制度の解説が多いが、知識の習得だけに重点をおくのではなく、喀痰吸引や経管栄養を必要としている人が利用していることを中心に理解することが大切である。 ・各制度の対象となる人（具体例） ・制度利用の手続き（申請窓口） などを具体的に事例を挙げて説明し、実

	講義の必要性・テキストの内容	講義の工夫
	保健に関する制度等について、わかりやすく示している。	際に制度を使ううえで必要な点を理解できるように工夫する。 ●在宅では、訪問看護師と連携して喀痰吸引等を行うことから、訪問看護に関する制度を説明し、理解を促す。
2. 医療的行為に関係する法律	【講義の必要性】 　「医療の倫理」は、医療的行為を実施する者としての基本的な心構えや態度を形成する原則を指導するものである。医療的行為が人の身体や生命に直接、侵襲を与える行為であることを踏まえて、医療的行為を行う態度や注意点の理解を深める必要がある。 　「社会福祉士及び介護福祉士法」の一部改正が行われ、介護福祉士および一定の研修を受けた介護職員等が、一定の条件の下に喀痰吸引等の行為を実施できることになった。実施可能な行為、介護職員等の範囲、研修・登録等について理解し、適切に対応する必要がある。 【テキストの内容】 　医療法第1条の4に医師、歯科医師等の医療を行う者の責務が記載されている。また、倫理については、より具体的に記載している。 　医行為の定義や医療の倫理、医療的行為の法的な理解についての内容を重点的に説明している。	●「医療の倫理」については、抽象的な概念の理解を求めているため、できるだけ多くの場面を想起して考えてもらえるように、事例を提示して説明することもよい。また、ディスカッションで考えを深めることもよい。 ●喀痰吸引や経管栄養が医行為であり、危険性をともなった行為であることについて理解を促すため、講師の経験等を踏まえて話すなど工夫する。
3. チーム医療と介護職との連携	【講義の必要性】 　国は平成22（2010）年にチーム医療の検討会を開催し、多職種の医療スタッフがチームを組んで医療を提供することを推進する方針を打ち出した。同時に、各医療スタッフがそれぞれの専門性を発揮し、質が高く、切れ目のない医療を提供することを推進している。介護職員も喀痰吸引や経管栄養を行う際には、このチームの一員になることを理解することが必要である。 【テキストの内容】 　チーム医療の考え方やチーム構成職種について説明している。	●チーム医療を行う際のケアカンファレンスなどをロールプレイすることは、リアリティをもった授業展開をできる学習方法である。 ●参考課題としては、それぞれの職員が分担を決める場面などが考えられる。 ●チーム医療で困難を感じていることや、チーム医療を実践できていることなどを話し合い共有する。

第3章　安全な療養生活

	講義の必要性・テキストの内容	講義の工夫
	【講義の必要性】 　安全に確実な喀痰吸引や経管栄養を実施することは、利用者の生命にとって重要であり、リスクを予防したり、事故に適切に対応することを知っていることが重要である。	●ヒヤリハット事例を示し、受講者が話し合うことで具体的なイメージができるように工夫する。 ●ヒヤリハットに関するディスカッションを行う。「次の時に役立つ」「他の人が同

	講義の必要性・テキストの内容	講義の工夫
1. 喀痰吸引や経管栄養の安全な実施	【テキストの内容】 　安全に喀痰吸引や経管栄養の提供をする重要性を具体的に示し、事故を未然防止する方法と事故が起こったときの対応を述べている。また、ヒヤリハット報告書の必要性と、どのように記載するか詳細に記載している。	じ過ちを起こさない」ために、隠さず報告することが大切だということをディスカッションなどで話し合うとよい。 ●予防のため、KYT（危険予知トレーニング）などのシミュレーションを行ってもよい。 ●また、ヒヤリハット報告書のフォーマットに具体的に記載されたものを提示するなど、ヒヤリハットの認識について共通認識がもてるようにディスカッションを入れるなど工夫する。 ●ヒヤリハット報告書の目的を確認し、その重要性や記載のポイントも、事例を挙げて具体的に説明する等工夫をする。
2. 救急蘇生法	【講義の必要性】 　救急蘇生について学んでおくことにより、救急の事態に遭遇したときに、適切な応急手当を実施できるような知識と技術を身につけておくことが重要である。 【テキストの内容】 　救急蘇生についての基本的な知識、応急手当の重要性、必要性を、救急蘇生法の実際を確認しながら学ぶ。	●研修の場に、消防署の職員に参加してもらい、応急手当についてデモンストレーションをしてもらうなどの工夫をする。 ●気道異物除去法等は受講者同士が行ってみるなどの工夫をする。

第4章　清潔保持と感染予防

	講義の必要性・テキストの内容	講義の工夫
1. 感染予防	【講義の必要性】 　感染防止について確実に理解することで利用者の療養の安全が確保される。標準予防策（スタンダード・プリコーション）を徹底することで利用者と介護職員自らを感染から守ることができる。基本的な手洗い、手指消毒を感染予防として再確認する。 【テキストの内容】 　感染の基本的な知識と標準予防策を学習する。手洗い、手指消毒の実際について図で記載している。	●写真や映像などを用いた視覚的な効果のある教材を利用することで理解が深まる。 ●具体的な感染例などを示し、なぜ感染が起こるのか、グループディスカッションや発表することによって共通の理解をはかる。 ●手洗いや手指消毒の実際を行い、日頃の手洗いの状況との違いを実感する。
2. 職員の感染予防	【講義の必要性】 　安全な利用者の療養生活を支援するには、支援者である介護職員自身が健康に留意し、標準予防策を遵守して体調を管理することが重要である。感染性疾患の予防接種を受けるなども、感染しない、感染源とならない予防策である。感染源と考えられる物質に接触する場合の防護対策も、今までの生活支援では実施しなかった行為であるため、いざという時	●標準予防策については、写真や動画教材を併用して、理解を深める。 ●実際の体験をもとに、場面をイメージできるようなグループワークを行って対応した事例を共有する。 ●マスク、手袋、ガウン、ゴーグルなどは実物を展示し、触れたり着脱する体験型の学習も意欲的に取り組める学習方法で

	講義の必要性・テキストの内容	講義の工夫
	のために学習する必要がある。 【テキストの内容】 　介護職員自身の健康管理とワクチン接種が一般的に必要と考えられる予防接種の種類が説明されている。また、防護方法、装着用具をわかりやすく紹介している。また、介護職員自身が感染症や傷がある場合の支援方法を説明している。	ある。
3. 療養環境の清潔、消毒法	【講義の必要性】 　療養環境面への清潔と排泄物等の取り扱いを分けて説明することによって、どの清潔のレベルに何を実施するかを理解できる。今まで扱ったことがない医療廃棄物の廃棄方法を理解することで感染源の管理方法を学ぶ。 【テキストの内容】 　生活環境の清潔方法と排泄物等の標準予防策に関連する衛生的な取り扱いを図などで示している。また、医療廃棄物の取り扱いを初めて学ぶ章である。	●医療廃棄物についてはイメージが難しいことも考えられることから、写真や映像による説明や、喀痰吸引、経管栄養で利用する物品を持ち込んで、廃棄するものと再利用するものを説明すると効果的である。 ●療養環境の清潔では、今まで自らがどのような点に配慮して清潔な環境整備を実施していたか、グループワークで意見を出し合い、発表して共有する。
4. 滅菌と消毒	【講義の必要性】 　医行為における感染防止では、物品や目的によって消毒の取り扱いでよいのか、滅菌の取り扱いかを理解していることが重要である。消毒の種類と使用上の留意点を理解することで、物品の衛生的な片づけや管理が継続できる。 【テキストの内容】 　滅菌および消毒の定義をわかりやすく説明している。喀痰吸引や経管栄養を実施する際の実際の使用方法や処理方法を表で示している。	●一般的な消毒薬を用意して、その薬液のにおいや濃度の調整の方法を演習することで、物品の片づけや現場における安全な取り扱いの理解について深める。 ●喀痰吸引や経管栄養の現場における消毒のイメージがわくように、写真や映像で実際の施設での取り扱い方法を見ることも効果的である。

第5章　健康状態の把握

	講義の必要性・テキストの内容	講義の工夫
1. 身体・精神の健康	【講義の必要性】 　平常状態について学ぶことにより、どのような状態が健康であるのかを理解することが重要である。	●「1.身体・精神の健康」と「2.健康状態を知る項目（バイタルサインなど）」は、関連の深い内容であるため、1つの単元として教えることもよい。 ●受講者自身の身体・精神の健康を考えてもらい、健康についてディスカッションする。
	【講義の必要性】 　介護を必要としている人は、何らかの身体的問題を有していることを理解し、健康状態の把握の重要性を理解することが重要である。	●身体上で問題があればバイタルサインも変化していることについて理解を促す。訪問時にいつもと違っている場合には、関係機関・職種に連絡する必要性の理解

	講義の必要性・テキストの内容	講義の工夫
2. 健康状態を知る項目（バイタルサインなど）	【テキストの内容】 　身体の生理的変化を観察するうえで必要なバイタルサインについて、正常値・異常値を含めて説明している。	を促す。 ●バイタルサイン測定は実技を入れ説明するとよい。 ●介護職員は、日常生活の援助をしているので利用者の些細な変化にも気づく機会が多いため、五感を使った観察力の必要性を事例を用いながら説明するのもよい。 ●体温の正常と異常、体温の変化を起こす原因等を説明するのもよい。 ●受講者同士で測定するのもよい。
3. 急変状態について	【講義の必要性】 　急変状態の判断は難しいため、身体のわずかな変化であっても、医師・看護職員に連絡をとることが重要であることを理解し、事前準備（連絡網等）の必要性を理解することが重要である。 【テキストの内容】 　急変状態とその対応記録（メモ）の必要性について説明している。	●身体状態の変化の具体的な例を挙げ、医師・看護職員に連絡をする必要があるか、連絡する場合はどのような内容を連絡するかなどのディスカッションをするとよい。 ●具体的な例については、呼吸器と消化器に特定し、医行為に関連したイメージを引き出すのもよい。 ●テキストの急変状態の項目を活用した事例を作成し、対応をシミュレーションする。 ●メモをとることで整理しゆとりが出ることを事例を通して説明するとよい。

第Ⅱ部　高齢者および障害児・者の喀痰吸引

第1章　高齢者および障害児・者の「喀痰吸引」概論

	講義の必要性・テキストの内容	講義の工夫
1. 呼吸のしくみとはたらき	【講義の必要性】 　初めて医行為を実施することになる介護職員にとっては、これまでの教育内容にはなかった知識である。喀痰吸引に関連する呼吸のしくみとはたらきを学習することは、安全な実施や危険回避のための基本的な知識である。 【テキストの内容】 　医師・看護職員の場合、解剖学・生理学等の系統的な学習により人体のしくみや機能の知識を習得する。しかし、初めて医行為を実施する介護職員のための学習内容としては、「喀痰吸引」に直接的・間接的に関連する内容に限定している。詳細な解剖生理の知識の習得というよりも、習得すべき知識を確実に学習できるようにすることに重点をおいている。	●本項には専門用語（器官の名称や機能など）が多いため、専門用語の説明は、繰り返し丁寧に行う。 ●テキストの文章や図のみでは、しくみ・はたらきはイメージしにくく、理解が困難な場合があるため、「身体のどこの部分がどのようなしくみになっているのか、どのようにはたらいているのか」ということをパワーポイントや動画を用いて丁寧に説明する。 ●補足資料等の活用により、具体的な説明をすることは好ましいが、解剖生理の習得内容（用語等）を広げることを目的とせず、あくまでもテキスト内容や用語の確実な理解を促す目的で使用する。

	講義の必要性・テキストの内容	講義の工夫
		●特に、難しい用語や重要な点については講義の最後のまとめや、受講者への問いかけ・質疑応答を行って、習得状況を確認することもよい。
2. いつもと違う呼吸状態	【講義の必要性】 　第Ⅰ部第5章「健康状態の把握」や第Ⅱ部第1章「1. 呼吸のしくみとはたらき」の知識を踏まえて、異常な呼吸状態や喀痰吸引の実施・医師・看護職員への連絡・緊急対応の必要性が判断できるようにするための知識である。 【テキストの内容】 　初めて医行為を実施する介護職員のための学習内容として、疾患や症状の具体的な原因など病態学・生理学的な内容ではなく、状態像の変化としてイメージ・理解できるようにすることに重点をおいている。	●呼吸困難の状態については、実演（肩呼吸や口すぼめ呼吸など）を交えた解説を加えることも効果的である。 ●異常呼吸については、動画等を用いて説明する。 ●「呼吸の異常を発見したこと」「呼吸の異常が起こりやすかった場面」や「呼吸の異常の判断に困った経験」「『言語によるコミュニケーションが困難な人』『高齢者』『子ども』などの場合の呼吸状態の変化」などについて、事例を提示したり、受講者のこれまでの介護の経験から発表やディスカッションの場を設けることで、経験を共有し、理解を促すとともに現場で知識を生かせるようにする。
3. 喀痰吸引とは	【講義の必要性】 　単に「喀痰吸引」の行為を理解するのではなく、痰を生じて排出するしくみや利用者の状態像を踏まえた理解を促すための知識である。 【テキストの内容】 　初めて医行為を実施する介護職員のための学習内容として、病態学・生理学的な内容に深く入り込まず、確実に理解できるよう焦点化した内容としている。	●実際の場面として、喀痰吸引が必要なのか、判断に迷う場面に遭遇する可能性があるため、特に「喀痰吸引が必要な状態」については、事例などを提示しながら説明することが効果的である。
4. 人工呼吸器と吸引	【講義の必要性】 　基本的な吸引に関する知識に加えて、人工呼吸器装着者の吸引では、装着方法や装着経路にも種類があり、留意点もそれぞれ異なるうえ、人工呼吸器とそのしくみ・留意点・危険性などの知識が必要である。人工呼吸器を必要とする利用者では、適切な機器管理や吸引が実施されなければ致命的な状態に陥ってしまう危険性もあり、確実な知識習得が必要である。また、吸引後、人工呼吸器を正確に装着する重要性を理解する。 【テキストの内容】 　初めて医行為を実施する介護職員にとって、吸引に加えて、人工呼吸器・気管カニューレなどの医療機器に関する内容までの知識が必要となる。人工呼吸器装着者の吸引では、わずかなミスが利用者の致	●テキストの文章や図のみでは、人工呼吸器・気管カニューレのしくみや人工呼吸器・気管カニューレを装着している状態などが想像し難いため、パワーポイントや映像等により、大きめの図または写真を使用して、指し示しながら丁寧に説明する。 ●可能であれば、実際の人工呼吸器や気管カニューレを見たり触れたりできるようにする。 ●特に、起こり得る危険性や危険予防のために必要なこと（医師・看護職員との連携含む）などの重要点については講義の最後のまとめや、受講者への問いかけ・質疑応答を行う。 ●医療機器に関する留意点・生活支援上の

講義の必要性・テキストの内容	講義の工夫
命的な状態につながりかねない。 　内容は、人工呼吸器の操作や判断の習得を目的とした内容ではなく、吸引に関連する多くのリスクを最小限にするために必要な知識に重点をおいている。 （※介護職員等は、吸引の実施は行うが人工呼吸器管理を行うわけではない。このことを明確に区別して、人工呼吸器管理・気管カニューレ管理に必要な知識ではなく、安全性確保のために必要な知識の記載を重要視している。）	留意点、吸引時の留意点、緊急時対応など危険性を説明したうえで留意点を説明しており、内容が重複している箇所があるが、説明の意図が異なる。この点は重要点であり、繰り返し説明することが望ましい。
5.　子どもの吸引について 【講義の必要性】 　子どもの吸引に特徴的な危険性（呼吸量が少ないため陰圧がかかりやすい、泣いている時の吸引等）を理解することが重要である。	● 子どもの身体の大きさなどをイメージしやすいように表現上で工夫し、子どもに用いる物品を実際に用いて、理解を促す。 ● 子どもに対する声かけ、説明の仕方などをデモンストレーションするとよい。
6.　吸引を受ける利用者や家族の気持ちと対応、説明と同意 【講義の必要性】 　吸引を必要とする利用者および家族の気持ちを理解して信頼関係を築いたうえで実施することが重要である。 【テキストの内容】 　吸引を必要とする利用者や家族が抱く気持ちの主な例を挙げている。また、気持ちに寄り添うことの重要性、説明と同意の重要性の説明に重点をおいている。	● 受講者のこれまでの介護の経験から、かかわってきた利用者に関する発表や講師の経験に基づく事例（例えば、拒否がある利用者など）の提示を通して、気持ちの理解や対応（実際の説明方法や声かけなど）についてディスカッションの場を設けることで、理解を促すとともに現場で知識を生かせるようにする。 ● 対象者を想定して、「説明と同意」の場面のロールプレイを行う。
7.　呼吸器系の感染と予防（吸引と関連して） 【講義の必要性】 　吸引行為や機器管理によっても呼吸器系の感染を招く危険性があり、場合によっては重篤な感染症につながることを十分理解したうえで実施することが必要である。 【テキストの内容】 　吸引に関連する呼吸器系の感染に焦点化した内容としている。吸引行為に関連して感染予防のために注意すべき点を習得することに重点をおいている。	● 本項は第Ⅰ部第4章「清潔保持と感染予防」の内容を踏まえて説明する。 ● 呼吸器官で感染を起こすイメージができるよう、病原菌が侵入する流れと体の反応を順を追って説明する。 ● 呼吸器系の感染やその予防について日頃考えていることや気をつけていることをディスカッションし、感染の危険性について考えてもらう。 ● 日頃の管理について、それぞれの経験から意見を交換するグループワークを行う。 ● 日々実施される喀痰吸引の慣れがどのような危険な事態を起こすかもグループワークで話し合うことで、安易な行為の繰り返しが利用者の生命に危険をもたらすことに理解を深められるよう導く。
【講義の必要性】 　適切で確実な喀痰吸引の実施が行われないことに	● 実際のヒヤリハット事例をテキストの事例を膨らませて説明し、そのことをディ

	講義の必要性・テキストの内容	講義の工夫
8. 喀痰吸引により生じる危険、事後の安全確認	よってさまざまな危険性があるということ、危険性を最小限にするために、医師・看護職員との確実な連携の必要性があることを理解する必要がある。 【テキストの内容】 　危険の種類を提示したうえで、実際の事例や対応がイメージできるように対応例を提示している。	スカッションしたり、ロールプレイしたりするとよい。 ● グループワークを通して、受講者一人ひとりのヒヤリハットへの価値観の相違や、意識の違いを発見し共有する場とする。 ● 医師・看護職員との日頃の関係構築について意見を求め、まとめる。
9. 急変・事故発生時の対応と事前対策	【講義の必要性】 　吸引を必要とする利用者のケアを行ううえで、緊急を要する場面に遭遇する可能性がある。緊急性を判断することは非常に困難であるが、的確な対応ができなければ生命の危険性もあり、十分な理解が必要である。 【テキストの内容】 　緊急性の判断は非常に困難であるため、「状態像」の変化から判断できるような内容に重点をおいている。緊急を要する状態を確実に理解できるよう焦点化している。医師・看護職員との連携体制についても、他項目のテキスト内容との重複もあるが、行動化できるようにするために必要な内容である。	● 実際に、緊急を要する状態の事例を提示して、自分がどのように行動するのかシミュレーションできるように、受講者への質問を取り入れたり、ディスカッションをする。

第2章　高齢者および障害児・者の「喀痰吸引」実施手順解説

	講義の必要性・テキストの内容	講義の工夫
1. 喀痰吸引で用いる器具・器材とそのしくみ、清潔の保持	【講義の必要性】 　吸引の器具・器材とそのしくみ・管理方法を的確に学ぶことは、安全で確実な吸引のために重要である。 【テキストの内容】 　使用物品やその管理方法は、実施機関によって異なる可能性があるため、いくつかの方法を提示しているが、詳細な記載（数値など）はしていない。実施機関の具体的方法を補足しながら説明することが望ましい。	● 吸引器や器具・器材および消毒薬等は、実施機関によって使用する物や方法が異なる可能性がある。実際に使用する可能性の高い物品などを提示したり、触れられる機会を設けるなどの工夫をする。 ● 実物を提示すると同時に、実際に消毒薬を用いた消毒方法、器材の清潔な管理方法の実演をし、体験の機会をつくる。 ● 吸引チューブの実物で、清潔な保持方法を体験する機会をつくる。
2. 吸引の技術と留意点	【講義の必要性】 　実際の吸引の技術の一連の流れと各段階での留意点を確実に理解することが、安全で確実な吸引のために重要である。 【テキストの内容】 　本項は、実施の流れに従った説明と留意点を示している。「手引き」の解説としてもリンクする内容	● 本項は、実施の流れを示す「手引き（テキスト 203 頁〜）」の内容とリンクする部分であり、適宜、「手引き」と照合しながら説明することもよい。 ● 受講者の気づきを「手引き」に書き込むことなどにより、受講者自らが作成した「手引き」となり、次のステップで役立てるなど意識を促す。

	講義の必要性・テキストの内容	講義の工夫
	である。	● 実際の手技の部分に加えて、その前後の実施内容（観察や報告など）についても一連の流れをデモンストレーションしたり、受講者に経験してもらう機会を設ける。
3. 喀痰吸引にともなうケア	【講義の必要性】 　吸引に関連したケアとして効果的に吸引できることは、利用者の苦痛を最小限にするためにも重要である。 【テキストの内容】 　ケアをイメージ化できるように図示している。	● テキストの図のみでは、イメージ化しにくい可能性がある。実際に体位を整えてみるなどのデモンストレーションや受講者に経験してもらう機会を設ける。
4. 報告および記録	【講義の必要性】 　医行為である喀痰吸引について、医師・看護職員への確実な報告・連絡をすること、確実な記録をすることは、利用者の安全確保のために重要なことである。 【テキストの内容】 　本項の内容は、第Ⅰ部第5章「健康状態の把握」や第Ⅲ部第2章「4.　報告および記録」のテキスト内容と一部対応しているが、喀痰吸引に関する「報告内容」「記録内容」を提示している。	● 確実な報告・記録の必要性・意味を説明する。 ● 事例を想定してどのような報告が必要かディスカッションを行う。 ● 実際に、受講者が吸引についての「報告」や「記録」を経験してみる機会を設ける。

第Ⅲ部　高齢者および障害児・者の経管栄養

第1章　高齢者および障害児・者の「経管栄養」概論

	講義の必要性・テキストの内容	講義の工夫
1. 消化器系のしくみとはたらき	【講義の必要性】 　経管栄養を行うために第1段階として、栄養摂取・水分摂取の必要性、食物を口から取り入れ排泄までの過程を理解し、消化器系の各器官についての名称や役割について習得することが重要である。 　経管栄養を行うために必要な知識として消化器官の名称や役割について習得する必要がある。 【テキストの内容】 　医療的行為が介護職員にとって初めての行為であるため、医師・看護職員との報告、連絡、相談などの時に用いられる各器官の名称や構造と役割をわかりやすく図式化している。特に経管栄養に至る理由を考えてもらえるよう、嚥下について詳しく説明している。	● 医師・看護職員との連携のために必要な用語については、初めて聞く言葉も多いので図や模型などで説明する。 ● 消化器のしくみや嚥下の構造やしくみなどの理解を促すため写真や映像などを利用する。 ● 栄養摂取、水分摂取の必要性が記載されているが、特に水分摂取量の観察方法や、栄養状態の見分け方なども講師自身の事例を用いて経験的に説明することも効果的である。 ● 実際の飲み込みについての体験学習を取り入れる。例えば、嚥下に関しては、口唇を閉じて、呼吸を止めて飲み込むと嚥下はスムーズにできることや、顔を上に向けて唾液を飲み込もうとすると飲み込

	講義の必要性・テキストの内容	講義の工夫
		むことが困難などボディイメージができやすい研修を行ってみる。 ●医療用語を単に覚えることが目的ではないため、医師・看護職員とのコミュニケーションの第一歩として消化器全体の理解ができるように説明する必要がある。
2. 消化・吸収とよくある消化器の症状	【講義の必要性】 　消化と吸収について理解を進める。また、利用者に起こるさまざまな消化器症状を知ることにより、異常の早期発見や医師・看護職員との連絡、相談すべき状態を理解するために必要な講義である。 【テキストの内容】 　消化と吸収がなぜ人にとって必要か述べている。また、利用者によく起こる症状の一例を身体のしくみとして説明している。	●講師自らの経験談から、症例を具体的にイメージできるよう説明を加える。 ●自らの消化器症状の経験や、介護職員として実際の場面で起こった症例などを提供し合い、どのように不安であったか、誰に連絡をとったか、どのような解決をして利用者の安全を図ったかなどグループディスカッションを行うことにより、経管栄養にともなう危険性を理解し、「いつもと違う」状態の観察が重要であることを学ぶ。 ●各症状に関して事例を用いながら説明するのもよい。 　・例えばしゃっくりをしていると、飲み込みがうまくできない。 ●日常的にもよくみられる症状であるため受講者に経験を話してもらうこともよい。 ●口を開けてつばを飲み込むとどうなるかなど、実際に試してみるのもよい。
3. 経管栄養法とは	【講義の必要性】 　利用者が経管栄養が必要な状態に至る過程を知る。人が消化・吸収を行うことができない嚥下機能の低下や、食事は摂取していても十分ではない状態を理解する。また、経管栄養のしくみを理解することにより医療的行為としての安全性の促進や異常の早期発見を促すことができる。 【テキストの内容】 　経管栄養の必要性やしくみについて、イメージがしやすいように、イラストなどを用いて解説している。 　経鼻経管栄養や、胃ろうによる栄養法の必要性に関して、介護職員が実際にかかわることが初めてのことであることを念頭においた記載をしている。 　経管栄養に至る身体状況を説明している。また、医療器具のしくみや人体のどのような部分に造設されているか理解できるよう図で説明している。	●利用者がどのような経緯で経管栄養を実施しているかを理解できることが重要である。単に医療的行為を実施することに着目せず、利用者理解から医療的行為を実施する人であることを自覚する部分になる。講義に関しては、講師自身の経験による事例を提供することも重要である。 ●経管栄養のしくみはシミュレーターや実物を見て、人体に常に挿入されているイメージができるよう促す。 ●経鼻経管栄養に用いるチューブや器具等を持参し、説明するのもよい。

	講義の必要性・テキストの内容	講義の工夫
4. 注入する内容に関する知識	【講義の必要性】 　人が生きていくために必要な栄養摂取の必要性を理解するための項目である。嚥下障害や栄養の不十分により、経管栄養をする場合の、食物や水分の代わりに注入される栄養摂取の方法と商品を知ることで、誤注入や危険な行為を予防することができる。 【テキストの内容】 　生命維持に不可欠な要素を学習する。経管栄養で利用される注入物の条件と半固形栄養剤を説明している。 　生命維持にとっての栄養摂取の重要性とともに、経管栄養で使用される栄養剤の種類等について、具体的な物のイメージがつかめるようにイラストで示している。	●半固形栄養剤や経管栄養は、写真や映像などを用いたイメージづけや、参考商品や物品を手に持って触れることも効果がある。 ●注入物も多くの種類があるため、実物を用いて説明するのもよい。 ●流動物と半固形栄養剤の違いについて、実物を用いるのもよい。
5. 経管栄養実施上の留意点	【講義の必要性】 　医療的行為である経管栄養の実施は、医師・看護職員との連携の下に実施されるが、利用者の生命の安全と負担を軽減するために理解していなければならない留意点を記載している。「いつもと違う状態」や異常の早期発見を行うことができる講義である。 【テキストの内容】 　経管栄養を実施する場合、医師・看護職員との連携の下に実施されるが、介護職員として知っておくべき留意点に重点をおいている。 　経管栄養は毎日数回実施する医療的行為である。慣れにより緊張感が失われやすいといわれている。観察を十分行い異常の早期発見につなげることができるよう身体上の異常の早期発見項目や、経管栄養そのもののトラブルが記載されている。	●まず、経管栄養を実施していることが、生命維持のためであるとはいえ、生体侵襲をともなっていることを十分説明する。 ●頻回に経管栄養を実施し、慣れによるミスやヒヤリハットが起こりやすいことを説明する。 ●経管栄養によるトラブル、身体の異常などの事例を写真や映像などの参考資料を利用して説明すると理解の促進につながる。 ●グループディスカッションや発表などの手法も効果的である。 ●実施中や実施後に起こり得る症状や合併症に関して、指導者の経験や事例を用いながら説明してもよい。
6. 子どもの経管栄養	【講義の必要性】 　経管栄養を必要とする子どもは発達の過程にあることを理解することで本人や家族への配慮ができる。また、使用する物品の特徴や留意点について理解することで、安全に配慮して医療的行為が実施できる。 【テキストの内容】 　経管栄養を必要とする子どもの身体的な状態を理解できるよう説明している。 　子どもの経管栄養の物品と成人の物品との違いや、留意点を説明している。	●受講者の多くは子どもの経管栄養を見聞きしたことがない可能性があるため、実際の物品を提示し、具体的なイメージがもてるよう工夫する。 ●また、子どもの体に合わせたサイズのため、管が細く詰まりやすいことなど、具体的な経験を加えて話すなどの工夫をする。 ●経管栄養を行っている子どもの写真を利用するとイメージがわきやすい。

	講義の必要性・テキストの内容	講義の工夫
7. 経管栄養を受ける利用者や家族の気持ちと対応、説明と同意	【講義の必要性】 　経管栄養を必要とする利用者や家族の気持ちを理解し、信頼関係を築いたうえで実施することが重要である。 　利用者や家族の選択を促すことが支援者の重要な役割であることが理解できるよう、利用者を理解する気持ちが重要であることに気づく。また、利用者や家族が経管栄養を実施することで失われた食事の喜びをどのように支援者として実践するかを考えられる場面とする。 【テキストの内容】 　利用者のおかれた状況や気持ちを理解し、利用者を取り巻く家族への配慮や留意点を示している。また、説明と同意の重要性や信頼関係の構築などを学ぶ。	●利用者や家族の選択を促すことが支援者の重要な役割であることが理解できるよう、信頼関係を築くとはどのようなことか、グループワークを行い発表することで共通の理解を促進する。 ●対象者を想定して、「説明と同意」の場面のロールプレイを行う。
8. 経管栄養に関係する感染と予防	【講義の必要性】 　安全な療養生活を送るうえで、実際に実施する行為とそれに伴う感染の防止に関する観察のポイントや留意事項を理解することで、毎日の観察の重要性の意義を理解し、感染防止や異常の早期発見につながる。 【テキストの内容】 　経管栄養を実施している利用者の消化器感染を予防するための観察のポイントや留意すべき物品の取り扱いを理解できる。また、口腔からの栄養の摂取はなかったとしても口腔内の感染防止を日々実施することで消化器感染症を防止することが理解できる。	●本項は第Ⅰ部第4章「清潔保持と感染予防」の内容を踏まえて説明する。 ●消化器全体がイメージできるよう、口から食物と病原菌が入り、肛門で排泄されるイメージができるよう講義する。 ●また、消化器の感染やその予防について日頃考えていることや気をつけていることをディスカッションし、感染の危険性について、考えてもらう。 ●日頃の管理について、それぞれの経験から意見を交換するグループワークなどを行う。
9. 経管栄養により生じる危険、注入後の安全確認	【講義の必要性】 　経管栄養施行時の危険を最小限にとどめることと医師・看護職員に連絡する必要性を理解する。 　経管栄養を確実に実施するために、危険な状態をあらかじめ理解することで危険回避が可能となる。また、日頃の連携により利用者の安全を確保することができる。些細なヒヤリハットでもチームで共有することで危険を回避することを学ぶ。 【テキストの内容】 　想定されるリスクを表で示している。ヒヤリハットやアクシデントについて理解し、記録、報告の方法を示している。また、日頃の連携の方法や相談、報告の体制を示している。	●実際のヒヤリハット事例をテキストの事例をふくらませて説明し、そのことをディスカッションしたり、ロールプレイをしたりするとよい。 ●グループワークを通して、受講者一人ひとりのヒヤリハットへの価値観の相違や、意識の違いを発見し共有する場とする。 ●医師・看護職員との日頃の関係構築について意見を求め、まとめる。 ●日々実施される医療的行為への慣れがどのような危険な事態を起こすかもグループワークで確認し合うことで、安易な行為の繰り返しが利用者の生命に危険をもたらすことに理解を深められるよう導く。

	講義の必要性・テキストの内容	講義の工夫
10. 急変・事故発生時の対応と事前対策	【講義の必要性】 　経管栄養を行っている最中に、緊急を要する場面に遭遇することがある。日頃から緊急性のある状態について意識しておくと緊急場面でも行動できることにつながる。適切に医師・看護職員と連携することが重要である。 【テキストの内容】 　緊急を要する状態や症状を示している。緊急時や事故発生時の対応のために必要なマニュアルの整備や報告方法を具体的に示している。医師・看護職員との連携体制や日頃からの関係性について理解できる。	●緊急時の具体的な例を示し、それに対応するための内容について、グループワークやシミュレーションを行うことでイメージを深め、理解の促進につなげるよう工夫する。

第2章　高齢者および障害児・者の「経管栄養」実施手順解説

	講義の必要性・テキストの内容	講義の工夫
1. 経管栄養で用いる器具・器材とそのしくみ、清潔の保持	【講義の必要性】 　経管栄養の安全で確実な実施には、器具・器材を利用する目的やしくみを理解し、清潔に取り扱うことが大切である。このようなかかわりを通じて、利用者が日々の生活を安心して送ることができる。経管栄養挿入部の清潔を保持することが栄養を安全に補給できるものであることを理解する。 【テキストの内容】 　経管栄養の物品が理解できるよう図で示している。また、半固形栄養剤注入時の必要物品についてまとめている。 　器具・器材の清潔な管理と利用者の身体に接する挿入部の清潔保持の方法や注意点をわかりやすく説明している。	●経管栄養に必要な器具・器材の実物を用意し、触れたり、乾燥する場合の注意点を実演するなどで取り扱いの理解が深まるよう工夫する。 ●筒状の器具・器材の消毒方法の留意点については消毒薬のなかに器具・器材を入れてみて空気を逃がして消毒が適切に行われるよう演習を行うなどの体験を多くする。 ●利用者の身体に接触する挿入部の清潔保持について経験者の体験をグループで話すなど体験共有も有効である。
2. 経管栄養の技術と留意点	【講義の必要性】 　経管栄養の一連の流れと、各手順における留意点などを理解することは、利用者の安楽と安全を確保するうえで重要である。 【テキストの内容】 　本項は、実施の流れに従った説明と留意点を示している。「手引き」の解説としてもリンクする内容である。	●経管栄養の実施にあたって、特に手順の留意点について「手引き（テキスト335頁〜）」を参照しながら講義を行う。 ●受講者の気づきを「手引き」に書き込むことなどにより、受講者自らが作成した「手引き」となり、次のステップで役に立つなど意識を促す。 ●現物の物品を使ってデモンストレーションを行い、イメージしやすいように工夫する。

	講義の必要性・テキストの内容	講義の工夫
3. 経管栄養にともなうケア	【講義の必要性】 　経管栄養を効果的に実施することは利用者の苦痛を軽減し、安全を確保するために重要である。 【テキストの内容】 　消化機能を促進するための体位の工夫やケアをわかりやすく説明している。	●受講者にデモンストレーションをするなどして、実際のイメージが膨らむように工夫する。
4. 報告および記録	【講義の必要性】 　経管栄養などの医療的行為を実施するうえで、記録と報告は、単に手順を終了したというのでなく、未来に予測できる利用者の事態を想定するうえで非常に重要性は高い。また、実施したという事実を残すことができる唯一の証拠になり得る。 【テキストの内容】 　この内容は第Ⅰ部第5章「健康状態の把握」や第Ⅱ部第2章「4. 報告および記録」のテキスト内容と対応しているが、経管栄養に関する「報告内容」および「記録内容」を示している。	●確実な報告・記録の必要性・意味を説明する。 ●事例を想定してどのような報告が必要かディスカッションを行う。 ●実際に、受講者が吸引についての「報告」や「記録」を経験してみる機会を設ける。

介護職員等による喀痰吸引等の研修評価票

1. 喀痰吸引　指導者評価票

（1）喀痰吸引「基本研修・演習」
口腔内・鼻腔内吸引（通常手順） 指導者評価票

演習において、当該介護職員は、下記**業務内容**について、どの程度達成できていますか。
※業務内容については、手引きの留意事項・考えられる主なリスクを参照のこと

評価	ア．手引きの手順どおりに実施できている
	イ．この項目について、手引きの留意事項・考えられる主なリスクに記載されている細目レベルで、手順を抜かしたり間違えた
	ウ．この項目について、抜かした

		回数	例	（ ）回目	（ ）回目	（ ）回目	（ ）回目	（ ）回目
		月日	10/5					
		時間	14:00					
		ケア実施対象者						
準備	1	医師の指示等の確認を行う	ア					
	2	手洗いを行う	ア					
	3	必要物品をそろえ、作動状況等を点検確認する	ア					
	4	必要物品を利用者のもとに運ぶ	ア					
実施	5	利用者に吸引の説明をする	ア					
	6	吸引の環境・利用者の姿勢を整える	ア					
	7	口腔内・鼻腔内を観察する	ア					
	8	手袋の着用またはセッシを持つ	ア					
	9	吸引チューブを清潔に取り出す	ア					
	10	吸引チューブを清潔に吸引器と連結管で連結する	ア					
	11	（浸漬法の場合）吸引チューブ外側を清浄綿等で拭く	ア					
	12	吸引器の電源を入れて水を吸い決められた吸引圧になることを確認する	ア					
	13	吸引チューブの先端の水をよく切る	ア					
	14	利用者に吸引開始について声かけをする	ア					
	15	適切な吸引圧で適切な深さまで吸引チューブを挿入する	ア					
	16	適切な吸引時間で分泌物等の貯留物を吸引する	ア					
	17	吸引チューブを静かに抜く	ア					
	18	吸引チューブの外側を清浄綿等で拭く	ア					
	19	洗浄水を吸引し、吸引チューブ内側の汚れを落とす	ア					
	20	（セッシを持っている場合）セッシを戻す	ア					
	21	吸引器の電源を切る	ア					
	22	吸引チューブを連結管からはずし保管容器に戻す	ア					
	23	手袋をはずす（手袋を使用している場合）	ア					
	24	利用者に吸引終了の声かけを行い、姿勢を整える	ア					
	25	吸引物および利用者の状態を観察する	ア					
	26	利用者の吸引前の状態と吸引後の状態変化を観察する	イ					
	27	手洗いをする	ア					
報告	28	吸引物および利用者の状態を報告する	イ					
	29	ヒヤリハット・アクシデントの報告をする（該当する場合のみ）	イ					
片づけ	30	吸引びんの排液量が70%～80%になる前に排液を捨てる	イ					
	31	使用物品を速やかに後片づけまたは交換する	ア					
記録	32	ケア実施の証明および今後のケアプランに活用できるように記録しておく	ア					
		アの個数※	28					
		※指導内容を具体的に記述してください 手引きの留意事項・考えられる主なリスク等に 記載されている細目レベルで記述						

＊ は、記載例です。

(2) 喀痰吸引「基本研修・演習」
口腔内・鼻腔内吸引（人工呼吸器装着者：非侵襲的人工呼吸療法） 指導者評価票

演習において、当該介護職員は、下記業務内容について、どの程度達成できていますか。
※業務内容については、手引きの留意事項・考えられる主なリスクを参照のこと

評価	ア．手引きの手順どおりに実施できている
	イ．この項目について、手引きの留意事項・考えられる主なリスクに記載されている細目レベルで、手順を抜かしたり間違えた
	ウ．この項目について、抜かした

		回数	例	( )回目	( )回目	( )回目	( )回目	( )回目
		月日	10/5					
		時間	14:00					
		ケア実施対象者						
準備	1	医師の指示等の確認を行う	ア					
	2	手洗いを行う	ア					
	3	必要物品をそろえ、作動状況等を点検確認する	ア					
	4	必要物品を利用者のもとに運ぶ	ア					
実施	5	利用者に吸引の説明をする	ア					
	6	吸引の環境・利用者の姿勢を整える	ア					
	7	口腔内・鼻腔内を観察する	ア					
	8	手袋の着用またはセッシを持つ	ア					
	9	吸引チューブを清潔に取り出す	ア					
	10	吸引チューブを清潔に吸引器と連結管で連結する	ア					
	11	（浸漬法の場合）吸引チューブ外側を清浄綿等で拭く	ア					
	12	吸引器の電源を入れて水を吸い決められた吸引圧になることを確認する	ア					
	13	吸引チューブの先端の水をよく切る	ア					
	14	利用者に吸引開始について声かけをする	ア					
	15	口鼻マスクまたは鼻マスクをはずす（注）	ア					
	16	適切な吸引圧で適切な深さまで吸引チューブを挿入する	ア					
	17	適切な吸引時間で分泌物等の貯留物を吸引する	ア					
	18	吸引チューブを静かに抜く	ア					
	19	口鼻マスク・鼻マスクを適切に戻す（注）	ア					
	20	吸引チューブの外側を清浄綿等で拭く	ア					
	21	洗浄水を吸引し、吸引チューブ内側の汚れを落とす	ア					
	22	（セッシを持っている場合）セッシを戻す	ア					
	23	吸引器の電源を切る	ア					
	24	吸引チューブを連結管からはずし保管容器に戻す	ア					
	25	手袋をはずす（手袋を着用している場合）	ア					
	26	利用者に吸引終了の声かけを行い、姿勢を整える	ア					
	27	人工呼吸器が正常に作動していること・口鼻マスクまたは鼻マスクの装着感が通常どおりであることを確認する	ア					
	28	吸引物および利用者の状態を観察する	アイ					
	29	利用者の吸引前の状態と吸引後の状態変化を観察する	イ					
	30	手洗いをする	アイ					
報告	31	吸引物および利用者の状態を報告する	イ					
	32	人工呼吸器が正常に作動していること・口鼻マスクまたは鼻マスクの装着感が通常どおりであることを報告する	ア					
	33	ヒヤリハット・アクシデントの報告をする（該当する場合のみ）	イ					
片づけ	34	吸引びんの排液量が70%〜80%になる前に排液を捨てる	イ					
	35	使用物品を速やかに後片づけまたは交換する	ア					
記録	36	ケア実施の証明および今後のケアプランに活用できるように記録しておく	ア					
		アの個数※	32					
		※指導内容を具体的に記述してください 手引きの留意事項・考えられる主なリスク等に 記載されている細目レベルで記述						

（注）個人差があり、順番が前後することがある。

＊□□□は、記載例です。

（3）喀痰吸引「基本研修・演習」
気管カニューレ内部吸引（通常手順）　指導者評価票

演習において、当該介護職員は、下記**業務内容**について、どの程度達成できていますか。
※業務内容については、手引きの留意事項・考えられる主なリスクを参照のこと

評価	ア．手引きの手順どおりに実施できている
	イ．この項目について、手引きの留意事項・考えられる主なリスクに記載されている細目レベルで、手順を抜かしたり間違えた
	ウ．この項目について、抜かした

		回数	例	（ ）回目	（ ）回目	（ ）回目	（ ）回目	（ ）回目
		月日	10/5					
		時間	14:00					
		ケア実施対象者						
準備	1	医師の指示等の確認を行う	ア					
	2	手洗いを行う	ア					
	3	必要物品をそろえ、作動状況等を点検確認する	ア					
	4	必要物品を利用者のもとに運ぶ	ア					
実施	5	利用者に吸引の説明をする	ア					
	6	吸引の環境・利用者の姿勢を整える	ア					
	7	気管カニューレ周囲や固定の状態を観察する	ア					
	8	手袋の着用またはセッシを持つ	ア					
	9	吸引チューブを清潔に取り出す	ア					
	10	吸引チューブを清潔に吸引器と連結管で連結する	ア					
	11	（浸漬法の場合）吸引チューブ外側を清浄綿等で拭く	ア					
	12	吸引器の電源を入れて原則として滅菌精製水を吸い決められた吸引圧になることを確認する	ア					
	13	吸引チューブ先端の水をよく切る	ア					
	14	利用者に吸引開始について声かけをする	ア					
	15	適切な吸引圧で適切な深さまで吸引チューブを挿入する	ア					
	16	適切な吸引時間で気管カニューレ内の分泌物等の貯留物を吸引する	ア					
	17	吸引チューブを静かに抜く	ア					
	18	吸引チューブの外側を清浄綿等で拭く	ア					
	19	滅菌精製水を吸引し、吸引チューブ内側の汚れを落とす	ア					
	20	（セッシを持っている場合）セッシを戻す	ア					
	21	吸引器の電源を切る	ア					
	22	吸引チューブを連結管からはずし保管容器に戻す、または単回使用の場合は原則として破棄する	ア					
	23	手袋をはずす（手袋を着用している場合）	ア					
	24	利用者に吸引終了の声かけを行い、姿勢を整える	ア					
	25	吸引物および利用者の状態を観察する	ア					
	26	利用者の吸引前の状態と吸引後の状態変化を観察する	イ					
	27	手洗いをする	ア					
報告	28	吸引物および利用者の状態を報告する	イ					
	29	ヒヤリハット・アクシデントの報告をする（該当する場合のみ）	イ					
片づけ	30	吸引びんの排液量が70%〜80%になる前に排液を捨てる	ア					
	31	使用物品を速やかに後片づけまたは交換する	ア					
記録	32	ケア実施の証明および今後のケアプランに活用できるように記録しておく	ア					
		アの個数※	29					
		※指導内容を具体的に記述してください 手引きの留意事項・考えられる主なリスク等に記載されている細目レベルで記述						

＊気管カニューレ内部の吸引については、無菌的に操作することが必要であり、吸引チューブを再利用せず一回ごとに未開封の吸引チューブを使用することが望ましい。そのため、上記「吸引チューブを連結管からはずし保管容器に戻す」の評価項目については、「単回使用の場合は吸引チューブを破棄する」として評価する。

＊□は、記載例です。

（4）喀痰吸引「基本研修・演習」
気管カニューレ内部吸引（人工呼吸器装着者：侵襲的人工呼吸療法）　指導者評価票

演習において、当該介護職員は、下記業務内容について、どの程度達成できていますか。
※業務内容については、手引きの留意事項・考えられる主なリスクを参照のこと

評価	ア．手引きの手順どおりに実施できている
	イ．この項目について、手引きの留意事項・考えられる主なリスクに記載されている細目レベルで、手順を抜かしたり間違えた
	ウ．この項目について、抜かした

		回数	例	（　）回目	（　）回目	（　）回目	（　）回目	（　）回目
		月日	10/5					
		時間	14:00					
		ケア実施対象者						
準備	1	医師の指示等の確認を行う	ア					
	2	手洗いを行う	ア					
	3	必要物品をそろえ、作動状況等を点検確認する	ア					
	4	必要物品を利用者のもとに運ぶ	ア					
実施	5	利用者に吸引の説明をする	ア					
	6	吸引の環境・利用者の姿勢を整える	ア					
	7	気管カニューレ周囲や固定の状態、人工呼吸器の作動状況を観察する	ア					
	8	手袋の着用またはセッシを持つ	ア					
	9	吸引チューブを清潔に取り出す	ア					
	10	吸引チューブを清潔に吸引器と連結管で連結する	ア					
	11	（浸漬法の場合）吸引チューブ外側を清浄綿等で拭く	ア					
	12	吸引器の電源を入れて原則として滅菌精製水を吸い決められた吸引圧になることを確認する	ア					
	13	吸引チューブ先端の水をよく切る	ア					
	14	利用者に吸引開始について声かけをする	ア					
	15	人工呼吸器のコネクターをはずす	ア					
	16	適切な吸引圧で適切な深さまで吸引チューブを挿入する	ア					
	17	適切な吸引時間で気管カニューレ内の分泌物等の貯留物を吸引する	ア					
	18	吸引チューブを静かに抜く	ア					
	19	人工呼吸器のコネクターを元に戻す	ア					
	20	吸引チューブの外側を清浄綿等で拭く	ア					
	21	滅菌精製水を吸引し、吸引チューブ内側の汚れを落とす	ア					
	22	（セッシを持っている場合）セッシを戻す	ア					
	23	吸引器の電源を切る	ア					
	24	吸引チューブを連結管からはずし保管容器に戻す、または単回使用の場合は原則として破棄する	ア					
	25	手袋をはずす（手袋を着用している場合）	ア					
	26	利用者に吸引終了の声かけを行い、姿勢を整える	ア					
	27	人工呼吸器が正常に作動していることを確認する	ア					
	28	吸引物および利用者の状態を観察する	ア					
	29	利用者の吸引前の状態と吸引後の状態変化を観察する	イ					
	30	手洗いをする	ア					
報告	31	吸引物および利用者の状態を報告する	イ					
	32	人工呼吸器が正常に作動していることを報告する	イ					
	33	ヒヤリハット・アクシデントの報告をする（該当する場合のみ）	イ					
片づけ	34	吸引びんの排液量が70%～80%になる前に排液を捨てる	ア					
	35	使用物品を速やかに後片づけまたは交換する	ア					
記録	36	ケア実施の証明および今後のケアプランに活用できるように記録しておく	ア					
		アの個数※	33					
		※指導内容を具体的に記述してください 手引きの留意事項・考えられる主なリスク等に記載されている細目レベルで記述						

＊気管カニューレ内部の吸引については、無菌的に操作することが必要であり、吸引チューブを再利用せず一回ごとに未開封の吸引チューブを使用することが望ましい。そのため、上記「吸引チューブを連結管からはずし保管容器に戻す」の評価項目については、「単回使用の場合は吸引チューブを破棄する」として評価する。
＊□は、記載例です。

（5）喀痰吸引「実地研修」
口腔内・鼻腔内吸引（通常手順） 指導者評価票

あなたが指導している介護職員は下記の**業務内容**について、どの程度達成できているか該当する番号を記入してください。
※業務内容については、手引きの留意事項・考えられる主なリスクを参照のこと

達成度	ア．1人で実施し、手引きの手順どおりに実施できている
	イ．1人で実施しているが、手引きの手順を抜かしたり間違えており、実施後に指導した
	ウ．1人で実施しているが、手引きの手順を抜かしたり間違えており、その場で指導した（その場では見過ごせないレベル）
	エ．1人での実施を任せられるレベルにはない

		回数	例	（ ）回目	（ ）回目	（ ）回目	（ ）回目	（ ）回目
		月日	10/ 5					
		時間	14:00					
		ケア実施対象者						
準備	1	医師の指示等の確認を行う	ア					
	2	手洗いを行う	ア					
	3	必要物品をそろえ、作動状況等を点検確認する	ア					
	4	必要物品を利用者のもとに運ぶ	ア					
実施	5	利用者に吸引の説明をする	ア					
	6	吸引の環境・利用者の姿勢を整える	ア					
	7	口腔内・鼻腔内を観察する	ア					
	8	手袋の着用またはセッシを持つ	ア					
	9	吸引チューブを清潔に取り出す	ア					
	10	吸引チューブを清潔に吸引器と連結管で連結する	ア					
	11	（浸漬法の場合）吸引チューブ外側を清浄綿等で拭く	ア					
	12	吸引器の電源を入れて水を吸い決められた吸引圧になることを確認する	ア					
	13	吸引チューブの先端の水をよく切る	ア					
	14	利用者に吸引開始について声かけをする	ア					
	15	適切な吸引圧で適切な深さまで吸引チューブを挿入する	ア					
	16	適切な吸引時間で分泌物等の貯留物を吸引する	ア					
	17	吸引チューブを静かに抜く	ア					
	18	吸引チューブの外側を清浄綿等で拭く	ア					
	19	洗浄水を吸引し、吸引チューブ内側の汚れを落とす	ア					
	20	（セッシを持っている場合）セッシを戻す	ア					
	21	吸引器の電源を切る	ア					
	22	吸引チューブを連結管からはずし保管容器に戻す	ア					
	23	手袋をはずす（手袋を使用している場合）	ア					
	24	利用者に吸引終了の声かけを行い、姿勢を整える	ア					
	25	吸引物および利用者の状態を観察する	ア					
	26	利用者の吸引前の状態と吸引後の状態変化を観察する	イ					
	27	手洗いをする	ア					
報告	28	吸引物および利用者の状態を報告する	イ					
	29	ヒヤリハット・アクシデントの報告をする（該当する場合のみ）	イ					
片づけ	30	吸引びんの排液量が70%～80%になる前に排液を捨てる	イ					
	31	使用物品を速やかに後片づけまたは交換する	ア					
記録	32	ケア実施の証明および今後のケアプランに活用できるように記録しておく	ア					
		アの個数※	28					
		※指導内容を具体的に記述してください 手引きの留意事項・考えられる主なリスク等に 記載されている細目レベルで記述						

＊□□□は、記載例です。

（6）喀痰吸引「実地研修」
口腔内・鼻腔内吸引（人工呼吸器装着者：非侵襲的人工呼吸療法）　指導者評価票

あなたが指導している介護職員は下記の**業務内容**について、どの程度達成できているか該当する番号を記入してください。
※業務内容については、手引きの留意事項・考えられる主なリスクを参照のこと

達成度	ア．1人で実施し、手引きの手順どおりに実施できている
	イ．1人で実施しているが、手引きの手順を抜かしたり間違えており、実施後に指導した
	ウ．1人で実施しているが、手引きの手順を抜かしたり間違えており、その場で指導した（その場では見過ごせないレベル）
	エ．1人での実施を任せられるレベルにはない

		回数	例	（　）回目	（　）回目	（　）回目	（　）回目	（　）回目
		月日	10/ 5					
		時間	14:00					
		ケア実施対象者						
準備	1	医師の指示等の確認を行う	ア					
	2	手洗いを行う	ア					
	3	必要物品をそろえ、作動状況等を点検確認する	ア					
	4	必要物品を利用者のもとに運ぶ	ア					
実施	5	利用者に吸引の説明をする	ア					
	6	吸引の環境・利用者の姿勢を整える	ア					
	7	口腔内・鼻腔内を観察する	ア					
	8	手袋の着用またはセッシを持つ	ア					
	9	吸引チューブを清潔に取り出す	ア					
	10	吸引チューブを清潔に吸引器と連結管で連結する	ア					
	11	（浸漬法の場合）吸引チューブ外側を清浄綿等で拭く	ア					
	12	吸引器の電源を入れて水を吸い決められた吸引圧になることを確認する	ア					
	13	吸引チューブの先端の水をよく切る	ア					
	14	利用者に吸引開始について声かけをする	ア					
	15	口鼻マスクまたは鼻マスクをはずす（注）	ア					
	16	適切な吸引圧で適切な深さまで吸引チューブを挿入する	ア					
	17	適切な吸引時間で分泌物等の貯留物を吸引する	ア					
	18	吸引チューブを静かに抜く	ア					
	19	口鼻マスク・鼻マスクを適切に戻す（注）	ア					
	20	吸引チューブの外側を清浄綿等で拭く	ア					
	21	洗浄水を吸引し、吸引チューブ内側の汚れを落とす	ア					
	22	（セッシを持っている場合）セッシを戻す	ア					
	23	吸引器の電源を切る	ア					
	24	吸引チューブを連結管からはずし保管容器に戻す	ア					
	25	手袋をはずす（手袋を着用している場合）	ア					
	26	利用者に吸引終了の声かけを行い、姿勢を整える	ア					
	27	人工呼吸器が正常に作動していること・口鼻マスクまたは鼻マスクの装着感が通常どおりであることを確認する	ア					
	28	吸引物および利用者の状態を観察する	ア					
	29	利用者の吸引前の状態と吸引後の状態変化を観察する	イ					
	30	手洗いをする	ア					
報告	31	吸引物および利用者の状態を報告する	イ					
	32	人工呼吸器が正常に作動していること・口鼻マスクまたは鼻マスクの装着感が通常どおりであることを報告する	ア					
	33	ヒヤリハット・アクシデントの報告をする（該当する場合のみ）	イ					
片づけ	34	吸引びんの排液量が70%〜80%になる前に排液を捨てる	イ					
	35	使用物品を速やかに後片づけまたは交換する	ア					
記録	36	ケア実施の証明および今後のケアプランに活用できるように記録しておく	ア					
		アの個数※	32					
		※指導内容を具体的に記述してください 手引きの留意事項・考えられる主なリスク等に記載されている細目レベルで記述						

（注）個人差があり、順番が前後することがある。
＊　　　は、記載例です。

あなたが指導している介護職員は下記の**業務内容**について、どの程度達成できているか該当する番号を記入してください。
※業務内容については、手引きの留意事項・考えられる主なリスクを参照のこと

達成度	ア．1人で実施し、手引きの手順どおりに実施できている
	イ．1人で実施しているが、手引きの手順を抜かしたり間違えており、実施後に指導した
	ウ．1人で実施しているが、手引きの手順を抜かしたり間違えており、その場で指導した（その場では見過ごせないレベル）
	エ．1人での実施を任せられるレベルにはない

		回数	例	（ ）回目	（ ）回目	（ ）回目	（ ）回目	（ ）回目
		月日	10/5					
		時間	14:00					
		ケア実施対象者						
準備	1	医師の指示等の確認を行う	ア					
	2	手洗いを行う	ア					
	3	必要物品をそろえ、作動状況等を点検確認する	ア					
	4	必要物品を利用者のもとに運ぶ	ア					
実施	5	利用者に吸引の説明をする	ア					
	6	吸引の環境・利用者の姿勢を整える	ア					
	7	気管カニューレ周囲や固定の状態を観察する	ア					
	8	手袋の着用またはセッシを持つ	ア					
	9	吸引チューブを清潔に取り出す	ア					
	10	吸引チューブを清潔に吸引器と連結管で連結する	ア					
	11	（浸漬法の場合）吸引チューブ外側を清浄綿等で拭く	ア					
	12	吸引器の電源を入れて原則として滅菌精製水を吸い決められた吸引圧になることを確認する	ア					
	13	吸引チューブ先端の水をよく切る	ア					
	14	利用者に吸引開始について声かけをする	ア					
	15	適切な吸引圧で適切な深さまで吸引チューブを挿入する	ア					
	16	適切な吸引時間で気管カニューレ内の分泌物等の貯留物を吸引する	ア					
	17	吸引チューブを静かに抜く	ア					
	18	吸引チューブの外側を清浄綿等で拭く	ア					
	19	滅菌精製水を吸引し、吸引チューブ内側の汚れを落とす	ア					
	20	（セッシを持っている場合）セッシを戻す	ア					
	21	吸引器の電源を切る	ア					
	22	吸引チューブを連結管からはずし保管容器に戻す、または単回使用の場合は原則として破棄する	ア					
	23	手袋をはずす（手袋を着用している場合）	ア					
	24	利用者に吸引終了の声かけを行い、姿勢を整える	ア					
	25	吸引物および利用者の状態を観察する	ア					
	26	利用者の吸引前の状態と吸引後の状態変化を観察する	イ					
	27	手洗いをする	ア					
報告	28	吸引物および利用者の状態を報告する	イ					
	29	ヒヤリハット・アクシデントの報告をする（該当する場合のみ）	イ					
片づけ	30	吸引びんの排液量が70%〜80%になる前に排液を捨てる	ア					
	31	使用物品を速やかに後片づけまたは交換する	ア					
記録	32	ケア実施の証明および今後のケアプランに活用できるように記録しておく	ア					
		アの個数※	29					
		※指導内容を具体的に記述してください 手引きの留意事項・考えられる主なリスク等に記載されている細目レベルで記述						

＊気管カニューレ内部の吸引については、無菌的に操作することが必要であり、吸引チューブを再利用せず一回ごとに未開封の吸引チューブを使用することが望ましい。そのため、上記「吸引チューブを連結管からはずし保管容器に戻す」の評価項目については、「単回使用の場合は吸引チューブを破棄する」として評価する。

＊ ▢ は、記載例です。

（8）喀痰吸引「実地研修」
気管カニューレ内部吸引（人工呼吸器装着者：侵襲的人工呼吸療法）指導者評価票

あなたが指導している介護職員は下記の**業務内容**について、どの程度達成できているか該当する番号を記入してください。
※業務内容については、手引きの留意事項・考えられる主なリスクを参照のこと

達成度	ア．1人で実施し、手引きの手順どおりに実施できている
	イ．1人で実施しているが、手引きの手順を抜かしたり間違えており、実施後に指導した
	ウ．1人で実施しているが、手引きの手順を抜かしたり間違えており、その場で指導した（その場では見過ごせないレベル）
	エ．1人での実施を任せられるレベルにはない

			回数	例	( )回目	( )回目	( )回目	( )回目	( )回目
			月日	10/5					
			時間	14:00					
			ケア実施対象者						
準備		1	医師の指示等の確認を行う	ア					
		2	手洗いを行う	ア					
		3	必要物品をそろえ、作動状況等を点検確認する	ア					
		4	必要物品を利用者のもとに運ぶ	ア					
実施	吸引の実施	5	利用者に吸引の説明をする	ア					
		6	吸引の環境・利用者の姿勢を整える	ア					
		7	気管カニューレ周囲や固定の状態、人工呼吸器の作動状況を観察する	ア					
		8	手袋の着用またはセッシを持つ	ア					
		9	吸引チューブを清潔に取り出す	ア					
		10	吸引チューブを清潔に吸引器と連結管で連結する	ア					
		11	（浸漬法の場合）吸引チューブ外側を清浄綿等で拭く	ア					
		12	吸引器の電源を入れて原則として滅菌精製水を吸い決められた吸引圧になることを確認する	ア					
		13	吸引チューブ先端の水をよく切る	ア					
		14	利用者に吸引開始について声かけをする	ア					
		15	人工呼吸器のコネクターをはずす	ア					
		16	適切な吸引圧で適切な深さまで吸引チューブを挿入する	ア					
		17	適切な吸引時間で気管カニューレ内の分泌物等の貯留物を吸引する	ア					
		18	吸引チューブを静かに抜く	ア					
		19	人工呼吸器のコネクターを元に戻す	ア					
		20	吸引チューブの外側を清浄綿等で拭く	ア					
		21	滅菌精製水を吸引し、吸引チューブ内側の汚れを落とす	ア					
		22	（セッシを持っている場合）セッシを戻す	ア					
		23	吸引器の電源を切る	ア					
		24	吸引チューブを連結管からはずし保管容器に戻す、または単回使用の場合は原則として破棄する	ア					
		25	手袋をはずす（手袋を着用している場合）	ア					
		26	利用者に吸引終了の声かけを行い、姿勢を整える	ア					
		27	人工呼吸器が正常に作動していることを確認する	ア					
		28	吸引物および利用者の状態を観察する	ア					
		29	利用者の吸引前の状態と吸引後の状態変化を観察する	イ					
		30	手洗いをする	ア					
報告		31	吸引物および利用者の状態を報告する	イ					
		32	人工呼吸器が正常に作動していることを報告する	イ					
		33	ヒヤリハット・アクシデントの報告をする（該当する場合のみ）	イ					
片づけ		34	吸引びんの排液量が70%〜80%になる前に排液を捨てる	ア					
		35	使用物品を速やかに後片づけまたは交換する	ア					
記録		36	ケア実施の証明および今後のケアプランに活用できるように記録しておく	ア					
			アの個数※	33					
			※指導内容を具体的に記述してください 手引きの留意事項・考えられる主なリスク等に 記載されている細目レベルで記述						

＊気管カニューレ内部の吸引については、無菌的に操作することが必要であり、吸引チューブを再利用せず一回ごとに未開封の吸引チューブを使用することが望ましい。そのため、上記「吸引チューブを連結管からはずし保管容器に戻す」の評価項目については、「単回使用の場合は吸引チューブを破棄する」として評価する。

＊□□□は、記載例です。

2. 経管栄養　指導者評価票

（1）経管栄養「基本研修・演習」
胃ろうまたは腸ろうによる経管栄養　指導者評価票

演習において、当該介護職員は、下記業務内容について、どの程度達成できていますか。
※業務内容については、手引きの留意事項・考えられる主なリスクを参照のこと

評価	ア．手引きの手順どおりに実施できている
	イ．この項目について、手引きの留意事項・考えられる主なリスクに記載されている細目レベルで、手順を抜かしたり間違えた
	ウ．この項目について、抜かした

		回数	例	（　）回目	（　）回目	（　）回目	（　）回目	（　）回目
		月日	10/5					
		時間	14:00					
実施準備		1 医師の指示等の確認を行う	ア					
		2 手洗いを行う	ア					
		3 必要な物品を準備する	ア					
		4 指示された栄養剤（流動食）の種類、量、温度、時間を確認する	ア					
		5 経管栄養の注入準備を行う	ア					
		6 準備した栄養剤（流動食）を利用者のもとに運ぶ	ア					
ケア実施	経管栄養の実施	7 利用者に本人確認を行い、経管栄養の実施について説明する	ア					
		8 注入する栄養剤（流動食）が利用者本人のものかどうかを確認し、適切な体位をとり、環境を整備する	ア					
		9 経管栄養チューブに不具合がないか確認し、確実に接続する	ア					
		10 注入を開始し、注入直後の状態を観察する	ア					
		11 注入中の表情や状態を定期的に観察する	ア					
		12 注入中の利用者の体位を観察する	ア					
		13 注入物の滴下の状態を観察する	ア					
		14 挿入部からの栄養剤（流動食）の漏れを観察する	ア					
		15 注入中の利用者の状態（気分不快、腹部膨満感、おう気・おう吐、腹痛、呼吸困難等）を観察する	ア					
		16 注入終了後はクレンメを閉め、経管栄養チューブの連結をはずす	ア					
		17 経管栄養チューブに白湯を注入し、状態を観察する	ア					
		18 半座位の状態を保つ	イ					
結果確認報告		19 利用者の状態を食後しばらく観察し、看護職員に報告する	イ					
		20 体位変換が必要な利用者に対しては、異常がなければ体位変換を再開する	ア					
		21 ヒヤリハット・アクシデントの報告をする（該当する場合のみ）	ア					
片づけ		22 使用物品を速やかに後片づけする	ア					
記録		23 ケアの実施の証明および今後のケアプランに活用できるように記録する	ア					
		アの個数※	22					
		※指導内容を具体的に記述してください 手引きの留意事項・考えられる主なリスク等に記載されている細目レベルで記述						

＊⬜️は、記載例です。

42

（2）経管栄養「基本研修・演習」
半固形栄養剤による胃ろうまたは腸ろうによる経管栄養　指導者評価票

演習において、当該介護職員は、下記**業務内容**について、どの程度達成できていますか。
※業務内容については、手引きの留意事項・考えられる主なリスクを参照のこと

評価	ア．手引きの手順どおりに実施できている
	イ．この項目について、手引きの留意事項・考えられる主なリスクに記載されている細目レベルで、手順を抜かしたり間違えた
	ウ．この項目について、抜かした

		回数	例	（　）回目	（　）回目	（　）回目	（　）回目	（　）回目
		月日	10/5					
		時間	14:00					
実施準備		1 医師の指示等の確認を行う	ア					
		2 手洗いを行う	ア					
		3 必要な物品を準備する	ア					
		4 指示された栄養剤（半固形栄養剤）の種類、量、温度、時間を確認する	ア					
		5 半固形栄養剤の注入準備を行う	ア					
		6 準備した半固形栄養剤を利用者のもとに運ぶ	ア					
ケア実施	経管栄養の実施	7 利用者に本人確認を行い、半固形栄養剤の経管栄養の実施について説明を行う	ア					
		8 注入する半固形栄養剤が利用者本人のものかどうかを確認し、適切な体位をとり、環境を整備する	ア					
		9 経管栄養チューブに不具合がないか確認し、確実に接続する	ア					
		10 注入を開始し、注入直後の状態を観察する	ア					
		11 注入中の表情や状態の変化を観察する	ア					
		12 挿入部からの栄養剤（半固形栄養剤）の漏れを観察する	ア					
		13 注入中の利用者の状態（気分不快、腹部膨満感、おう気・おう吐等）を観察する	ア					
		14 注入終了後は白湯を注入し、状態を観察する	ア					
		15 半座位の状態を保つ	ア					
結果確認報告		16 利用者の状態を食後しばらく観察し、看護職員に報告する	イ					
		17 体位変換が必要な利用者に対しては、異常がなければ体位変換を再開する	ア					
		18 ヒヤリハット・アクシデントの報告をする（該当する場合のみ）	ア					
片づけ		19 使用物品を速やかに後片づけする	ア					
記録		20 ケアの実施の証明および今後のケアプランに活用できるように記録する	ア					
		アの個数※	19					
		※指導内容を具体的に記述してください 手引きの留意事項・考えられる主なリスク等に記載されている細目レベルで記述						

* ▢ は、記載例です。

（3）経管栄養「基本研修・演習」
経鼻経管栄養　指導者評価票

演習において、当該介護職員は、下記**業務内容**について、どの程度達成できていますか。
※業務内容については、手引きの留意事項・考えられる主なリスクを参照のこと

評価	ア．手引きの手順どおりに実施できている
	イ．この項目について、手引きの留意事項・考えられる主なリスクに記載されている細目レベルで、手順を抜かしたり間違えた
	ウ．この項目について、抜かした

		回数	例	（　）回目	（　）回目	（　）回目	（　）回目	（　）回目
		月日	10/5					
		時間	14:00					
実施準備		1 医師の指示等の確認を行う	ア					
		2 手洗いを行う	ア					
		3 必要な物品を準備する	ア					
		4 指示された栄養剤（流動食）の種類、量、温度、時間を確認する	ア					
		5 経管栄養の注入準備を行う	ア					
		6 準備した栄養剤（流動食）を利用者のもとに運ぶ	ア					
ケア実施	経管栄養の実施	7 利用者に本人確認を行い、経管栄養の実施について説明する	ア					
		8 注入する栄養剤（流動食）が利用者本人のものかどうかを確認し、適切な体位をとり、環境を整備する	ア					
		9 経管栄養チューブに不具合がないか確認し、確実に接続する	ア					
		10 注入を開始し、注入直後の状態を観察する	ア					
		11 注入中の表情や状態を定期的に観察する	ア					
		12 注入中の利用者の体位を観察する	ア					
		13 注入物の滴下の状態を観察する	ア					
		14 注入中の利用者の状態（気分不快、腹部膨満感、おう気・おう吐、腹痛、呼吸困難・むせ込み、顔色・表情の変化、苦悶表情の出現等）を観察する	ア					
		15 注入終了後はクレンメを閉め、経管栄養チューブの連結をはずす	ア					
		16 経管栄養チューブに白湯を注入し、状態を観察する	ア					
		17 半座位の状態を保つ	ア					
結果確認報告		18 利用者の状態を食後しばらく観察し、看護職員に報告する	イ					
		19 体位変換が必要な利用者に対しては、異常がなければ体位変換を再開する	ア					
		20 ヒヤリハット・アクシデントの報告をする（該当する場合のみ）	ア					
片づけ		21 使用物品を速やかに後片づけする	ア					
記録		22 ケアの実施の証明および今後のケアプランに活用できるように記録する	ア					
		アの個数※	21					
		※指導内容を具体的に記述してください 手引きの留意事項・考えられる主なリスク等に記載されている細目レベルで記述						

＊　□　は、記載例です。

44

（4）経管栄養「実地研修」
胃ろうまたは腸ろうによる経管栄養　指導者評価票

あなたが指導している介護職員は下記の**業務内容**について、どの程度達成できているか該当する番号を記入してください。
※業務内容については、手引きの留意事項・考えられる主なリスクを参照のこと

達成度	ア．1人で実施し、手引きの手順どおりに実施できている
	イ．1人で実施しているが、手引きの手順を抜かしたり間違えており、実施後に指導した
	ウ．1人で実施しているが、手引きの手順を抜かしたり間違えており、その場で指導した（その場では見過ごせないレベル）
	エ．1人での実施を任せられるレベルにはない

		回数	例	（　）回目	（　）回目	（　）回目	（　）回目	（　）回目
		月日	10/5					
		時間	14:00					
実施準備		1 医師の指示等の確認を行う	ア					
		2 手洗いを行う	ア					
		3 必要な物品を準備する	ア					
		4 指示された栄養剤（流動食）の種類、量、温度、時間を確認する	ア					
		5 経管栄養の注入準備を行う	ア					
		6 準備した栄養剤（流動食）を利用者のもとに運ぶ	ア					
ケア実施	経管栄養の実施	7 利用者に本人確認を行い、経管栄養の実施について説明する	ア					
		8 注入する栄養剤（流動食）が利用者本人のものかどうかを確認し、適切な体位をとり、環境を整備する	ア					
		9 経管栄養チューブに不具合がないか確認し、確実に接続する	ア					
		10 注入を開始し、注入直後の状態を観察する	ア					
		11 注入中の表情や状態を定期的に観察する	ア					
		12 注入中の利用者の体位を観察する	ア					
		13 注入物の滴下の状態を観察する	ア					
		14 挿入部からの栄養剤（流動食）の漏れを観察する	ア					
		15 注入中の利用者の状態（気分不快、腹部膨満感、おう気・おう吐、腹痛、呼吸困難等）を観察する	ア					
		16 注入終了後はクレンメを閉め、経管栄養チューブの連結をはずす	ア					
		17 経管栄養チューブに白湯を注入し、状態を観察する	ア					
		18 半座位の状態を保つ	ア					
結果確認報告		19 利用者の状態を食後しばらく観察し、看護職員に報告する	イ					
		20 体位変換が必要な利用者に対しては、異常がなければ体位変換を再開する	ア					
		21 ヒヤリハット・アクシデントの報告をする（該当する場合のみ）	ア					
片づけ		22 使用物品を速やかに後片づけする	ア					
記録		23 ケアの実施の証明および今後のケアプランに活用できるように記録する	ア					
		アの個数※	22					
		※指導内容を具体的に記述してください 手引きの留意事項・考えられる主なリスク等に記載されている細目レベルで記述						

＊▢は、記載例です。

半固形栄養剤による胃ろうまたは腸ろうによる経管栄養　指導者評価票

あなたが指導している介護職員は下記の**業務内容**について、どの程度達成できているか該当する番号を記入してください。
※業務内容については、手引きの留意事項・考えられる主なリスクを参照のこと

達成度	ア．１人で実施し、手引きの手順どおりに実施できている
	イ．１人で実施しているが、手引きの手順を抜かしたり間違えており、実施後に指導した
	ウ．１人で実施しているが、手引きの手順を抜かしたり間違えており、その場で指導した（その場では見過ごせないレベル）
	エ．１人での実施を任せられるレベルにはない

		回数	例	（　）回目	（　）回目	（　）回目	（　）回目	（　）回目
		月日	10/5					
		時間	14:00					
実施準備		1 医師の指示等の確認を行う	ア					
		2 手洗いを行う	ア					
		3 必要な物品を準備する	ア					
		4 指示された栄養剤（半固形栄養剤）の種類、量、温度、時間を確認する	ア					
		5 半固形栄養剤の注入準備を行う	ア					
		6 準備した半固形栄養剤を利用者のもとに運ぶ	ア					
ケア実施	経管栄養の実施	7 利用者に本人確認を行い、半固形栄養剤の経管栄養の実施について説明を行う	ア					
		8 注入する半固形栄養剤が利用者本人のものかどうかを確認し、適切な体位をとり、環境を整備する	ア					
		9 経管栄養チューブに不具合がないか確認し、確実に接続する	ア					
		10 注入を開始し、注入直後の状態を観察する	ア					
		11 注入中の表情や状態の変化を観察する	ア					
		12 挿入部からの栄養剤（半固形栄養剤）の漏れを観察する	ア					
		13 注入中の利用者の状態（気分不快、腹部膨満感、おう気・おう吐等）を観察する	ア					
		14 注入終了後は白湯を注入し、状態を観察する	ア					
		15 半座位の状態を保つ	ア					
結果確認報告		16 利用者の状態を食後しばらく観察し、看護職員に報告する	イ					
		17 体位変換が必要な利用者に対しては、異常がなければ体位変換を再開する	ア					
		18 ヒヤリハット・アクシデントの報告をする（該当する場合のみ）	ア					
片づけ		19 使用物品を速やかに後片づけする	ア					
記録		20 ケアの実施の証明および今後のケアプランに活用できるように記録する	ア					
		アの個数※	19					

※指導内容を具体的に記述してください

手引きの留意事項・考えられる主なリスク等に
記載されている細目レベルで記述

＊　　　は、記載例です。

（6）経管栄養「実地研修」
経鼻経管栄養　指導者評価票

あなたが指導している介護職員は下記の**業務内容**について、どの程度達成できているか該当する番号を記入してください。
※業務内容については、手引きの留意事項・考えられる主なリスクを参照のこと

達成度	ア．1人で実施し、手引きの手順どおりに実施できている
	イ．1人で実施しているが、手引きの手順を抜かしたり間違えており、実施後に指導した
	ウ．1人で実施しているが、手引きの手順を抜かしたり間違えており、その場で指導した（その場では見過ごせないレベル）
	エ．1人での実施を任せられるレベルにはない

		回数	例	（　）回目	（　）回目	（　）回目	（　）回目	（　）回目
		月日	10/5					
		時間	14:00					
実施準備		1 医師の指示等の確認を行う	ア					
		2 手洗いを行う	ア					
		3 必要な物品を準備する	ア					
		4 指示された栄養剤（流動食）の種類、量、温度、時間を確認する	ア					
		5 経管栄養の注入準備を行う	ア					
		6 準備した栄養剤（流動食）を利用者のもとに運ぶ	ア					
ケア実施	経管栄養の実施	7 利用者に本人確認を行い、経管栄養の実施について説明する	ア					
		8 注入する栄養剤（流動食）が利用者本人のものかどうかを確認し、適切な体位をとり、環境を整備する	ア					
		9 経管栄養チューブに不具合がないか確認し、確実に接続する	ア					
		10 注入を開始し、注入直後の状態を観察する	ア					
		11 注入中の表情や状態を定期的に観察する	ア					
		12 注入中の利用者の体位を観察する	ア					
		13 注入物の滴下の状態を観察する	ア					
		14 注入中の利用者の状態（気分不快、腹部膨満感、おう気・おう吐、腹痛、呼吸困難・むせ込み、顔色・表情の変化、苦悶表情の出現等）を観察する	ア					
		15 注入終了後はクレンメを閉め、経管栄養チューブの連結をはずす	ア					
		16 経管栄養チューブに白湯を注入し、状態を観察する	ア					
		17 半座位の状態を保つ	ア					
結果確認報告		18 利用者の状態を食後しばらく観察し、看護職員に報告する	イ					
		19 体位変換が必要な利用者に対しては、異常がなければ体位変換を再開する	ア					
		20 ヒヤリハット・アクシデントの報告をする（該当する場合のみ）	ア					
片づけ		21 使用物品を速やかに後片づけする	ア					
記録		22 ケアの実施の証明および今後のケアプランに活用できるように記録する	ア					
		アの個数※	21					
		※指導内容を具体的に記述してください 手引きの留意事項・考えられる主なリスク等に記載されている細目レベルで記述						

＊□□□は、記載例です。

4

介護職員等による
喀痰吸引と経管栄養の Q&A

I. 喀痰吸引等の制度について

1. 認定特定行為業務従事者

Q ①「認定特定行為業務従事者認定証」は個人に対し交付されるが、「喀痰吸引等研修」受講地である都道府県に関係なく、本人の住所地の都道府県に対し認定証の交付が行われるか。

②一度認定登録した者については、勤務地・住所地の異動、登録抹消・登録辞退申請等にかかわらず、「登録名簿」上は永年管理が必要であるか。

③同一の従事者が複数の登録事業所において勤務する場合においても、事業者の登録はそれぞれの事業所ごとに必要であるか。

A お見込みのとおり。

Q 認定特定行為業務従事者の認定については、申請者の住所地の都道府県へ申請することになると思うが、例えば勤め先の事業所の所在地が、申請者の住所地とは別の都道府県にある場合などにおいて、事業所が職員の認定申請をとりまとめの上、事業所の所在地の都道府県へ申請を行うことは可能か。

A お見込みのとおり、申請者の住所地の都道府県に申請することが基本となるが、住所地以外の都道府県で認定しても差し支えない。

Q 認定特定行為業務従事者について、以下のような変更が発生した場合に、どのような申請を行えばよいか。

①経過措置対象者が平成 24 年度以降に登録研修機関の研修（第 1 号～第 3 号）を修了した場合

②第 3 号研修修了者が別の対象者の実地研修を修了した場合

③第 3 号研修修了者が同一の対象者に対する別の行為の実地研修を修了した場合

④第 3 号研修修了者が第 1 号、第 2 号研修を修了した場合

⑤第 2 号研修修了者が第 1 号研修を修了し、実施可能な行為が増えた場合

A 基本的な考え方としては、実施できる行為が増えた場合には既存の認定証を変更し、対象者の変更（第 3 号研修から第 1 号、第 2 号への変更を含む）や、経過措置から本則の適用に変わった場合には新たな認定登録が必要となる。

①新規の申請を行い、新たな認定証を交付する。

②新規の申請を行い、新たな認定証を交付する。

③変更の申請を行い、交付済みの認定証を書き換える。

④新規の申請を行い、新たな認定証を交付する。

⑤変更の申請を行い、交付済みの認定証を書き換える。

Q 「認定特定行為業務従事者認定証」には有効期限が定められていないが、離職・休職により喀痰吸引等の介護現場からしばらく離れていた者が再び従事する際には、改めて喀痰吸引等研修を受講する必要はなく、登録喀痰吸引等事業者が、"特定行為を安全かつ適正に実施するために必要な措置"（法第 48 条の 5 第 1 項第 2 号）として、再教育（例えば、喀痰吸引等研修に定める演習、実地研修等に類似する行為を OJT 等研修として実施するなど）を実施すればよろしいか。

A お見込みのとおり。

2. 登録研修機関

Q 喀痰吸引等研修の業務委託については、都道府県が自ら実施する場合について、基本研修、実地研修を別々の機関かつ複数の機関に委託することは可能であると解してよいか。なお、「事業委託」は可能であるが、「指定」という概念はないと解してよいか。

A お見込みのとおり。

Q 登録研修機関については、登録要件を満たすべき責務を担うことから、基本研修、実地研修のすべてを委託することはないが、いずれかを委託（複数の機関への委託を含む）することは可能であると解してよいか。また、例えば、実地研修の委託先が複数都道府県にまたがる場合（※基本研修を共同実施する形式）も想定されるが、その場合は基本研修を行う登録研修機関の所在地を管轄する都道府県に登録申請を行えばよいと解してよいか。

A お見込みのとおり。

Q 喀痰吸引等研修の業務に従事する講師については、必ずしも雇用関係は必要とせず、研修の実施に支障がなければ常勤・非常勤等の採用形態についても問うものではないが、賃金の支払いや講師としての業務従事に一定程度の責任を担ってもらうため、都道府県または登録研修機関と講師との間において一定程度の契約や取り決めを行うことは差し支えないか。

A 差し支えない。

Q ①実地研修が1行為であっても第2号研修の登録研修機関の登録は可能か。
②5行為すべての実地研修を行う場合は第1号研修としての登録となるのか、第2号研修としての登録となるのか。

A ①可能。
②第1号研修または第2号研修としての登録は、申請者の任意として差し支えない。

Q 実地研修を受講せずに養成施設等を卒業した介護福祉士が、卒業後に登録研修機関において実地研修を修了するというように、介護福祉士が登録研修機関において実地研修を受講することは可能か。

A 可能である。

Q 事業所が登録喀痰吸引等事業者として登録した場合は、そこに勤務する介護職員等はすべて研修を受講して、認定特定行為業務従事者になる必要があるのか。

A 介護職員等がすべて認定特定行為業務従事者になる必要はない。喀痰吸引等の業務に従事する介護職員等のみ認定特定行為業務従事者になればよい。

Q 研修はどこで行われるのか。

A 都道府県または登録研修機関もしくはその委託機関で行われる。

Q 特定の者対象の認定特定行為業務従事者が、不特定多数の者対象の認定特定行為業務従事者の資格をとる際には、不特定多数の者対象の研修をすべて受講しなければならないのか。

A カリキュラムの内容が異なるため、不特定多数の者を対象とした基本研修、実地研修をすべて受講する必要がある。

Q 平成 28 年 4 月 1 日以前に介護福祉士の資格を取得している場合、どのようにすれば喀痰吸引等を実施することができるのか。

A 介護職員等と同様に、登録研修機関において喀痰吸引等研修を修了し、都道府県知事の認定を受ければ実施できる。

Q 特定の者（A さん）を対象として喀痰吸引等を行っていた認定特定行為業務従事者が、特定の者（B さん）に喀痰吸引等を行う場合、基本研修（9 時間）は受講せずに、新たな利用者 B さんの実地研修のみ受講すればよいのか。

A そのとおり。

Q ①すでに第 2 号研修を修了して 3 行為の認定を受けている者について、追加で他の 2 行為について実地研修を修了することにより、それらの特定行為をそれぞれ個別に追加で認定することは可能か。
②実施可能な特定行為の種類を追加する場合、追加した特定行為ごとに認定証を発行するのか、従来の認定証に書き加えるのか。

A ①可能。（なお、基本研修は不要で、追加する特定行為の実地研修のみとなる）
②都道府県の判断により、どちらの方法としても差し支えない。

Q 認定特定行為業務従事者認定証には更新規定があるのか。

A 現時点では更新については規定されていない。

Q 都道府県研修において、基本研修の内容を「不特定」と「特定」とを比較したとき、「講義」の科目、および時間数に違いがあるため、「不特定」と「特定」の研修を合同で行うことは不可能（別々に行う）と考えてよいか。

A 特定と不特定では別のカリキュラムであるので、研修は原則別々に行うべきである。

3. 都道府県事務

Q 登録等に関する公示については、喀痰吸引等の対象者に対して登録事業者や登録研修機関の登録等の状況を広範囲かつ一定程度の継続性をもって行うことができれば、その方法等（県庁舎の然るべき公示掲載場所での一定期間の掲載、県庁ホームページや県広報誌等の活用など）については、各都道府県での取り決めに従い行えばよいか。
なお、介護福祉士・認定特定行為業務従事者の氏名については、個人情報に類し公示させる意義に乏しいため、公示の対象としないということでよいか。

A お見込みのとおり。

Q 登録研修機関や登録事業者が廃止となる場合においては、業務停止前に、「研修修了者名簿」等については、当該研修機関もしくは事業者の廃止後においても継続的に研修修了者等の修了証明を担保する必要があることから、都道府県において引き継ぎし、管理していくべきものであると解してよいか。

A お見込みのとおり。

II. 研修の実際について

1. 介護職員等の研修について

Q 実地研修の同意は、研修している介護職員等が、利用者から文書でもらえばよいか。

A 登録研修事業所が利用者から文書で受領する。

Q 基本研修（講義、演習）の講師は、原則として指導者講習を受講した医師、保健師、助産師または看護師とあるが、「例外」として想定されるのはどのような場合か。

A 基本研修科目の「人間と社会」および「保健医療制度とチーム医療」については、指導者講習の受講にかかわらず、当該科目に関する相当の学識経験を有する者を講師として差し支えない、としている。

Q 基本研修（講義）のうち、救急蘇生法については、指導者講習を受講した医師または看護師が同席している場合には、救急救命士に依頼し実施することは可能か。

A 差し支えない。

Q 病院・診療所で就業している介護職員等は除外されるのか。実地研修施設には、介護保険施設とあり、介護療養病床を含むのか。

A 研修を受講する介護職員等の就業場所については、制度化後、病院・診療所が登録事業所にならないため、病院・診療所を除外している。実地研修施設には、実施要綱のとおり介護療養病床を含む。

Q 介護医療院において実地研修を行うことは可能か。

A 介護保険法に基づく介護保険施設であることから、実地研修施設として実地研修を行うことは可能である。

Q 実地研修実施要領において、「医師の指示」とあるが、この医師は誰を想定しているのか。

A 利用者の主治医や施設の配置医を想定しており、指導者講習を受けている必要はない。

Q 基本研修（講義）について、別表1の時間に休憩時間を含むことは可能か。

A 別表1の時間は、講義の実時間であり、休憩時間は含まない。休憩時間を設ける場合には、講義時間とは別に設定いただきたい。

Q 実地研修においては、医師または指導看護師が立ち会い、指導の下に実施する必要があるか。

A そのとおり。

Q 演習、実地研修において、「成功」とは、評価票ですべての項目の評価が「ア」となったときを指しているか。

A そのとおり。

Q 胃ろう・腸ろうの実地研修において、居宅において実施する場合であっても、胃ろう・腸ろうの状態に問題のないことの確認は1日1回以上指導看護師が行う必要があるか。

A そのとおり。1日1回以上指導看護師が確認する必要がある。

Q 胃ろう・腸ろうについて、半固形の栄養法を実施する場合の研修については、どのように取り扱えばよいか。

A 半固形の栄養法を実施する場合には、通常の講義・演習・実地研修に加え、別途十分な講義・演習・実地研修を実施し、安全性の検討後に行うことが必要である。

Q 実地研修で一部の行為が不合格だった場合（合格基準を満たさなかった場合）、どのように修了認定をしたらよいか。（例）口腔内（○）鼻腔内（○）胃ろう・腸ろう（×）

A 修了した行為のみを修了認定する。

Q 基本研修までは修了したが、実地研修について修了した行為がない場合には、受講内容をどのように証明すればよいか。

A 都道府県の任意の様式で、修了した部分等について「受講証明書」が発行される。

2. 看護師の研修について

Q 指導看護師や連携看護職員には、研修はあるか。

A 指導看護師は指導者講習を受講することが望ましいとされている。連携看護職員は特に要件はない。

Q 不特定の者の指導者講習にかかる時間はどの程度か。

A 特に取り決めは示されていない。

Q 不特定多数の者を対象とする場合の指導看護師は、特定の者の指導看護師になれるか。

A 不特定多数の者対象の指導者講習と、特定の者対象の指導者講習は異なるため、それぞれの指導者講習を受講することが望ましい。

Q 特定の者を対象とする場合の指導看護師は利用者が変わるたびに研修を受け、その都度届出をしなくてはいけないのか。

A それぞれ研修を受ける必要はなく、登録研修機関に登録すればよい。

Q 実地研修に来る介護職員等への指導は、指導者研修を受けていない看護師も行うのか。

A 実地研修における介護職員等の指導は登録研修機関（委託の場合を含む）の研修講師を担った「指導看護師」が行うことになる。

Ⅲ. 訪問介護事業所等の登録喀痰吸引等事業者について

1. 登録喀痰吸引等事業者

Q 不特定多数の登録喀痰吸引等事業者として登録申請すれば、特定の者も対象となるのか。

A 対象となる。事業者の登録については不特定多数／特定の者といった区分は設けていない。ただし、認定特定行為業務従事者については、研修修了等の相違によって、不特定多数の者対象、特定の者対象が異なってくる。

Q カンファレンスの開催主体は誰か。

A 登録喀痰吸引等事業者が主体となって開催する（在宅の場合には、利用者ごとに医療関係者を含めた定期的なケアカンファレンスを実施する）。

Q 登録喀痰吸引等事業者の登録申請については、事業所ごとに所在地を管轄する都道府県に対し行うこととなっているが、同一敷地内の複数の事業所を抱える事業者の場合についても、事業所ごとに申請を行うということでよいか。

A お見込みのとおり。

Q 登録喀痰吸引等事業者の登録申請事項上、介護福祉士・認定特定行為業務従事者の氏名登録が義務づけられているが、都道府県におけるデータ管理は重要であり、

①同一所在地内の複数の登録事業所間での職員異動についても変更登録は必要。

②認定特定行為業務従事者の退職等により、喀痰吸引等の提供が可能な従事者がいなくなった場合も変更登録は必要。

と解してよいか。

A お見込みのとおり。

Q 特別養護老人ホーム併設の短期入所生活介護の場合、人員基準上一体的な配置が認められているが、こうした場合についても、事業所ごとに登録申請を行わなければならないか。また、空床利用の場合はどうか。

A 併設する施設であっても対象者が異なる場合は、その業務内容が異なることから、事業所ごとに申請を行うこととする（対象者が同一になる場合は併設施設を合わせた申請としても差し支えない）。ただし、人員配置基準は一体的となっていることから、申請書以外の書類（職員の名簿や適合書類等）については、一本化しても差し支えない。

Q 喀痰吸引等を利用者・家族が行う場合であって、介護職員は喀痰吸引等を行わず、事前の姿勢の整えや器具の準備、片づけのみをする場合には、介護職員の認定や、事業者としての登録は必要ないか。

A お見込みのとおり。

Q 登録喀痰吸引等事業者において、介護福祉士に特定行為を行わせようとする場合において、当該介護福祉士が実地研修を修了していない場合には、法令に掲げる要件を満たす実地研修を行うことが必要となるが、実地研修を実施する際、当該介護福祉士が基本研修または医療的ケアを修了していることの確認は必要か。

A 実地研修を実施する前提として、当該介護福祉士が、社会福祉士及び介護福祉士法施行規則第26条の3第2項に規定する基本研修または医療的ケアを修了していることが必要となるため、喀痰吸引等研修修了証や卒業証明書等で要件を満たしていることを、登録喀痰吸引等事業者において確実に確認すること。

Q 介護医療院は登録喀痰吸引等事業者として登録は可能か。

A 登録喀痰吸引等事業者としても登録可能である。

2. 医師と介護職員等との連携について

Q 医師の指示書は具体的には、どのように出されるのか。

A 医師から登録喀痰吸引等事業者に介護職員等喀痰吸引等指示書が出される。

Q 医師から指示書が出て、介護職員等が医療的行為を行う際、どのように医師・看護職員と連携すればよいのか。

A 登録喀痰吸引等事業者の登録基準として、「医療関係者との連携に関する事項」（下記参照）が定められており、以下のように医療関係者との連携を図る必要がある。

医療関係者との連携に関する基準（登録喀痰吸引等事業者の登録基準の1つ）

① 介護職員等が喀痰吸引等を実施するにあたり、医師の文書による指示を受けること。

② 医師・看護職員が喀痰吸引等を必要とする方の状況を定期的に確認し、介護職員等と情報共有を図ることにより、医師・看護職員と介護職員等との連携を確保するとともに、適切な役割分担を図ること。

③ 喀痰吸引等を必要とする方の個々の状況を踏まえ、医師・看護職員との連携の下に、喀痰吸引等の実施内容等を記載した計画書を作成すること。

④ 喀痰吸引等の実施状況に関する報告書を作成し、医師に提出すること。

⑤ 喀痰吸引等を必要とする方の状態の急変に備え、緊急時の医師・看護職員への連絡方法をあらかじめ定めておくこと。

⑥ 喀痰吸引等の業務の手順等を記載した書類（業務方法書）を作成すること。

3. 看護職員と登録喀痰吸引等事業者との連携について

Q 指導看護師（実地研修の場等において介護職員を指導する者）のいる事業所は、登録研修機関になる必要があるのか。また、指導看護師が事業所にいない場合は、登録喀痰吸引等事業者と連携することができないのか。

A 登録喀痰吸引等事業者との連携事業所となることと、登録研修機関の一端を担うか否かは分けて考える必要がある。また、必ずしも指導看護師がいる事業所が登録研修機関になる必要はないが、都道府県または登録研修機関から実地研修の委託を受け、研修の一環として指導を担う場合がある。

Q 登録喀痰吸引等事業者と連携を図る訪問看護ステーションに要件はあるのか。

A 特に訪問看護ステーション側の要件はない。

Q 登録喀痰吸引等事業者との連携について、訪問看護ステーション側は断ることはできるのか。

A 訪問看護ステーション側の体制整備等の状況を鑑み、安全な医行為実施のための連携体制の確保が明らかに困難と判断される場合等を除いて、喀痰吸引等が必要な障害者等が地域において適切なケアを受けられるよう積極的に連携していただきたい。

Q 登録喀痰吸引等事業者と連携する場合、訪問看護ステーションは契約を交わすのか。

A 事業所間の契約を交わす、あるいは文書による取り決めを行う。

Q 登録喀痰吸引等事業者と訪問看護ステーションの契約書の内容に規定や雛形はあるのか。

A 契約書等は登録喀痰吸引等事業者で案を作成し、訪問看護ステーションと協議する。
なお、全国訪問看護事業協会では、「喀痰吸引等に係る連携についての覚書（例）」を作成している（在宅における喀痰吸引等連携ガイド Ver.3〜訪問介護事業所と訪問看護ステーションの円滑な連携に向けて〜）。

Q ２か所以上の登録喀痰吸引等事業者が利用者に訪問している場合は、訪問看護ステーションはどちらの事業者とも連携をする必要があるのか。

A どちらの登録喀痰吸引等事業者とも連携する必要がある。

Q 訪問看護を利用していない利用者の場合、登録喀痰吸引等事業者から訪問看護ステーションに連携の依頼があった場合、どのように対応すればよいのか。

A 訪問看護を利用していない場合、主治医から訪問看護ステーションに指示書を出してもらい、連携することを検討する。

Q 看護師はどのような役割を果たせばよいのか。

A 実地研修において介護職員等を指導する「①指導看護師」と、介護職員等と日々のケアを提供する上で連携する「②連携看護職員」に分けて考える必要がある。

Q 連携看護職員は、具体的にどのように連携をしてくれるのか。

A 連携看護職員は、登録喀痰吸引等事業者が喀痰吸引等を実施する際に、主に以下のような連携を行う（前記の登録基準に準拠）。
○喀痰吸引等を必要とする方の状況を定期的に確認し、介護職員等と情報共有を図り、適切な役割分担を図る。
○登録喀痰吸引等事業者が喀痰吸引等を必要とする方の個々の状況を踏まえ、喀痰吸引等の実施内容等を記載した計画書の作成をする際に、連携する。
○登録喀痰吸引等事業者が喀痰吸引等を必要とする方の状態の急変に備え、緊急時の連絡方法をあらかじめ定めておく際に、連携する。
○登録喀痰吸引等事業者が喀痰吸引等の業務の手順等を記載した書類（業務方法書）を作成する際に、連携する。

Q 喀痰吸引等の実施内容等を記載した計画書は、どのように作成すればよいのか。

A 計画書は、個々の利用者の希望や心身の状況ならびに医師の指示を踏まえて作成する。この計画書は、認定特定行為業務従事者だけでなく、この従事者が従事する施設・事業所の管理責任者、医師および看護職員、対象者およびその家族等と認識を共有し、継続的に作成する。対象者の心身の状況の変化や医師の指示等に基づき、必要に応じて内容の見直しを行う必要がある。

Q 医師と介護職員等の間の計画書・報告書の内容は、連携している看護職員にはこないのか。

A 計画書・報告書は、医師と登録喀痰吸引等事業者の間でやりとりされるものである。しかしながら、登録喀痰吸引等事業者の登録要件として、医師・看護職員との連携の下に、喀痰吸引等の実施内容等を記載した計画書を作成することが規定されていることから、連携看護職員は、計画書作成の際に連携することが必要であり、報告書の内容についても適宜、確認することが望ましい。

IV. その他

1. 責任について

Q 事故が起こった時に誰が責任を取るのか。

A 登録喀痰吸引等事業者の責任と介護職員等個人の責任、連携する各職種の責任がそれぞれの職責を果たしていたかにより判断される。なお、各責任の比重については、個々の事案によって異なることから一律に示すことは困難。

Q 実地研修の時に事故が起こった場合、誰が責任を取るのか。

A 実地研修の一義的な責任は、登録研修機関にある。

Q 研修修了後、現場においての教育・指導の責任は誰にあるのか。

A 登録喀痰吸引等事業者が責任をもって教育・指導を行う。

2. 介護職員について

Q 夜間帯など、資格を持たない介護職員等がシフトに入った場合はどうするのか。

A 認定特定行為業務従事者でない介護職員等が喀痰吸引等を行うことはできない。

Q 介護職員等の［等］は、具体的にはどのような職種なのか。理学療法士や作業療法士は含まれるのか。

A 家族以外の者で、喀痰吸引については医師・看護職員（保健師、助産師、看護師または准看護師）・理学療法士・作業療法士・言語聴覚士を除く者。経管栄養については医師・看護職員を除く者。

3. その他

Q 経鼻経管栄養のカテーテルの挿入や確認は誰が行うのか。

A 経鼻経管栄養のカテーテルの挿入やきちんと挿入されているかの確認は、医師・看護職員が行う。

Q 看護師または准看護師資格を保有している介護職員の場合は、どのように対応すればよいか。

A 登録喀痰吸引等事業者に所属する看護師・准看護師資格を保有する介護職員は、医師の指示があれば喀痰吸引等研修を受講しなくても、喀痰吸引等を実施することができる。

主な出典
・厚生労働省事務連絡「喀痰吸引等業務の施行に係る Q&A について」および「その他の Q&A について」（https://www.mhlw.go.jp/seisakunitsuite/bunya/hukushi_kaigo/seikatsuhogo/tannokyuuin/02_hourei_06.html）（最終アクセス 2021 年 10 月 29 日）
・全国訪問看護事業協会実務相談

5

関係法令・通知

介護サービスの基盤強化のための介護保険法等の一部を改正する法律の公布について（社会福祉士及び介護福祉士関係）

平成23年6月22日　社援発0622第1号
各都道府県知事・各地方厚生（支）局長宛
厚生労働省社会・援護局長通知

　介護サービスの基盤強化のための介護保険法等の一部を改正する法律（平成23年法律第72号。以下「介護保険法等改正法」という。）については、本日付けで公布されたところです。

　介護保険法等改正法のうち、社会福祉士及び介護福祉士関係部分については下記のとおりですので、内容について御了知の上、管内市町村（特別区を含む。）を始め、関係者、関係団体等に対する周知について、特段の御配慮をお願いします。

　なお、運用に当たっての詳細等は、別途お示しする予定であることを申し添えます。

記

第一　社会福祉士及び介護福祉士法の一部改正関係（介護保険法等改正法第5条関係）

1　介護福祉士による喀痰吸引等の実施

①　介護福祉士は、喀痰吸引その他の身体上又は精神上の障害があることにより日常生活を営むのに支障がある者が日常生活を営むのに必要な行為であって、医師の指示の下に行われるもの（厚生労働省令で定めるものに限る。）を行うことを業とするものとすること。（第2条第2項関係）

　なお、厚生労働省令においては、喀痰吸引（口腔内・鼻腔内・気管カニューレ内部）及び経管栄養（胃ろう・腸ろう・経鼻経管栄養）を定める予定であること。

②　介護福祉士は、保健師助産師看護師法の規定にかかわらず、診療の補助として喀痰吸引等を行うことを業とすることができるものとすること。（第48条の2第1項関係）

2　認定特定行為業務従事者による特定行為の実施

①　介護の業務に従事する者（介護福祉士を除く。）のうち、認定特定行為業務従事者認定証の交付を受けている者は、保健師助産師看護師法の規定にかかわらず、診療の補助として、医師の指示の下に、特定行為（喀痰吸引等のうち当該認定特定行為業務従事者が修了した喀痰吸引等研修の課程に応じて厚生労働省令で定める行為をいう。以下同じ。）を行うことを業とすることができるものとすること。（附則第3条第1項関係）

②　認定特定行為業務従事者認定証は、介護の業務に従事する者に対して認定特定行為業務従事者となるのに必要な知識及び技能を修得させるため、都道府県知事又はその登録を受けた者が行う喀痰吸引等研修の課程を修了したと都道府県知事が認定した者でなければ、その交付を受けることができないものとすること。（附則第4条第2項関係）

3　登録研修機関

　都道府県知事は、登録を申請した者が喀痰吸引等に関する法律制度及び実務に関する科目について喀痰吸引等研修の業務を実施するものであること等の要件の全てに適合しているときは、登録研修機関の登録をしなければならないものとすること。（附則第8条第1項関係）

4 喀痰吸引等業務等の登録

① 自らの事業又はその一環として、喀痰吸引等又は特定行為の業務を行おうとする者は、その事業所ごとに、その所在地を管轄する都道府県知事の登録を受けなければならないものとすること。(第48条の3第1項及び附則第20条第1項関係)

② 都道府県知事は、登録を申請した者が医療関係者との連携が確保されているものとして厚生労働省令で定める基準に適合していること等の要件の全てに適合しているときは、登録喀痰吸引等事業者又は登録特定行為事業者の登録をしなければならないものとすること。(第48条の5及び附則第20条第2項関係)

5 その他

① この法律の施行の際現に介護の業務に従事する者であって、この法律の施行の際必要な知識及び技能の修得を終えている特定行為について、喀痰吸引等研修の課程を修了した者と同等以上の知識及び技能を有する旨の都道府県知事の認定を受けた者に対しては、認定特定行為業務従事者認定証を交付することができるものとすること。(改正法附則第14条関係)

② 登録研修機関及び登録特定行為事業者の登録並びに喀痰吸引等研修の課程を修了した者と同等以上の知識及び技能を有する旨の都道府県知事の認定の手続については、施行日前においても行うことができるものとすること。(改正法附則第15条関係)

第二 社会福祉士及び介護福祉士法等の一部を改正する法律の一部改正(介護保険法等改正法第6条関係)

1 介護福祉士の資格取得方法の見直しに係る改正規定の施行期日の変更

介護福祉士の資格取得方法の見直しに係る改正規定の施行期日を、平成24年4月1日から平成27年4月1日に変更すること。(附則第1条関係)

(参考)

社会福祉士及び介護福祉士法等の一部を改正する法律(平成19年法律第125号。以下「19年改正法」という。)における介護福祉士の資格取得方法の見直しの内容は、以下のとおりであること。

① 実務経験者について、3年以上の実務経験に加えて、新たに、実務者研修(6ヶ月研修)の受講を義務付けたこと。

② 介護福祉士養成施設等の卒業者について、新たに、介護福祉士試験への合格を義務付けたこと。

2 その他

介護保険法等改正法の施行により、実務経験者に係る実務者研修の受講義務付けの施行期日は平成27年4月1日に変更されるが、実務経験者が希望する場合には、それ以前であっても、実務者研修を受講できるようにする予定であること。

そのため、本年秋頃を目途として、実務者研修の早期受講を可能とするために必要な関係省令等を策定する予定であること。

第三 施行期日

第一については平成24年4月1日(ただし、第一の1については平成27年4月1日)、第二については公布日とすること。

社会福祉士及び介護福祉士法の一部を改正する法律の施行について（喀痰吸引等関係）

（平成23年11月11日　社援発1111第1号）
（各都道府県知事宛　厚生労働省社会・援護局長通知）
　注　平成25年3月12日社援発0312第24号改正現在

　「介護サービスの基盤強化のための介護保険法等の一部を改正する法律（平成23年法律第72号。以下「改正法」という。）」により改正された「社会福祉士及び介護福祉士法（昭和62年法律第30号。以下「法」という。）」の規定に基づく「社会福祉士及び介護福祉士法施行規則の一部を改正する省令」（平成23年厚生労働省令第126号。以下「改正省令」という。）により改正された「社会福祉士及び介護福祉士法施行規則（昭和62年厚生省令第49号。以下「省令」という。）」について、介護職員等による喀痰吸引等の実施の基準の趣旨及び内容は下記のとおりであるので、御了知の上、関係団体、関係機関等にその周知徹底を図るとともに、その運用に遺漏のないようにされたい。

　なお、本通知は医政局及び老健局に協議済みであることを申し添える。

　本通知は、地方自治法（昭和22年4月17日法律第67号）第245条の4第1項の規定に基づく技術的助言として発出するものである。

記

第1　趣旨

　今般の改正法及び改正省令は、喀痰吸引（口腔内、鼻腔内、気管カニューレ内部の喀痰吸引をいう。第1において同じ。）及び経管栄養（胃ろう又は腸ろうによる経管栄養、経鼻経管栄養をいう。第1において同じ。）の実施のために必要な知識、技能を修得した介護職員等（介護福祉士を含む）について、一定の要件の下に、喀痰吸引及び経管栄養を実施することができるものとしたこと。

　具体的には、介護福祉士については、養成課程において喀痰吸引及び経管栄養に関する知識、技能を修得し、平成27年4月1日以降、一定の基準を満たす事業所において、喀痰吸引及び経管栄養を実施することができるものとしたこと。なお、平成24年4月1日以降においても、認定特定行為業務従事者認定証（法附則第4条第1項の認定特定行為業務従事者認定証をいう。以下同じ。）の交付を受けた場合には、喀痰吸引及び経管栄養を実施することができるものとしたこと。

　また、介護福祉士を除く介護職員等については、平成24年4月1日以降、認定特定行為業務従事者（法附則第3条第1項の認定特定行為業務従事者をいう。以下同じ。）となるのに必要な知識、技能を修得するための研修を修了し、都道府県知事から認定特定行為業務従事者認定証の交付を受け、喀痰吸引及び経管栄養を実施することができるものとしたこと。

　なお、現在、当面のやむを得ない措置として、在宅・特別養護老人ホーム・特別支援学校において、運用上一定の行為の実施が認められている介護職員等については、必要な知識、技能を修得し

た者である旨の証明を受け、認定特定行為業務従事者認定証の交付を受けた場合に、喀痰吸引及び経管栄養を実施することができるものとしたこと。

改正省令は、喀痰吸引及び経管栄養の実施に係る事業者及び研修機関の登録基準等を定めたものであり、喀痰吸引及び経管栄養が安全かつ適切に実施されるよう遵守すべきものであること。

第2　制度概要等

1. 喀痰吸引等の範囲

省令第1条は、法第2条第2項に規定する介護福祉士が業として行いうる「日常生活を営むのに必要な行為であつて、医師の指示の下に行われるもの」に該当するものとして第1号から第5号の別に喀痰吸引等の行為を定めたものであること。

介護福祉士が喀痰吸引等を実施する場合には、喀痰吸引等の対象者の日常生活を支える介護の一環として必要とされる医行為のみを医師の指示の下に行うものであり、安全性確保の観点から、同条第1号及び第2号に規定する喀痰吸引については、咽頭の手前までを限度とすること。

また同様の観点から、同条第4号の胃ろう又は腸ろうによる経管栄養の実施の際には、胃ろう・腸ろうの状態に問題がないことの確認を、同条第5号の経鼻経管栄養の実施の際には、栄養チューブが正確に胃の中に挿入されていることの確認を医師又は看護職員（保健師、助産師、看護師及び准看護師をいう。以下同じ。）が行うこと。

2. 介護福祉士の登録要件

省令第24条の2は、法第42条第1項の介護福祉士の登録事項として、省令第1条各号に掲げる喀痰吸引等の行為のうち養成課程において実地研修を修了したものを、新たに加えたものであること。

これは、平成27年度以降の国家試験合格者に係る介護福祉士の資格登録要件となる一方で、実地研修の修了状況については登録申請者により異なることとなり、省令第26条の3第2項第1号において登録喀痰吸引等事業者（法第48条の6第1項に規定する登録喀痰吸引等事業者をいう。以下同じ。）の登録基準として、省令第1条各号に掲げる行為のうち、当該介護福祉士が実地研修を修了している行為についてのみ喀痰吸引等の実施を行わせることができることとしていることからも、登録事項として定めたものであること。

第3　登録喀痰吸引等事業者（法附則第20条の登録特定行為事業者を含む。）

1. 登録申請

(1)　事業所の単位

法第48条の3において、事業者はその事業所ごとにその所在地を管轄する都道府県知事の登録を受けなければならないとされており、このため登録喀痰吸引等事業者としての登録は、喀痰吸引等を実施する事業所のある都道府県ごとに当該都道府県にある事業所について行うものとすること。

(2)　登録申請

省令第 26 条の 2 第 1 項は、法第 48 条の 3 第 2 項の登録喀痰吸引等事業者の登録申請に必要な添付書類を、省令第 26 条の 2 第 2 項は、法第 48 条の 3 第 2 項第 4 号の登録申請に必要な申請事項を規定したものであること。

このうち省令第 26 条の 2 第 1 項第 4 号に規定する法第 48 条の 5 第 1 項各号に掲げる要件の全てに適合していることを明らかにする書類については、省令第 26 条の 3 第 1 項第 6 号に規定する喀痰吸引等の業務に関する書類を添付すればよいものであること。

(3) 介護福祉士氏名の申請

省令第 26 条の 2 第 2 項において介護福祉士の氏名についても申請事項としている趣旨は、喀痰吸引等の実施を行うにあたり、介護福祉士によって喀痰吸引等の行為の可能な範囲が異なることから登録事項としたものであること。

なお、介護福祉士の氏名については、法第 48 条の 8 による公示事項にはあたらないものであること。

また、申請に際して以下の点に留意すること。

・申請には、「介護福祉士登録証」の写し等の当該介護福祉士の資格を証明する書類をあわせて提出すること。

・登録特定行為事業者においては、省令附則第 16 条による準用及び読替により、認定特定行為業務従事者の氏名について申請すること。

2. 登録基準：医療関係者との連携に関する事項

(1) 登録基準

省令第 26 条の 3 第 1 項は、法第 48 条の 5 第 1 項の規定による登録喀痰吸引等事業者が登録にあたって満たすべき基準のうち、同項第 1 号の医師、看護師その他の医療関係者との連携に関する基準を定めたものであること。

(2) 医師の文書による指示

省令第 26 条の 3 第 1 項第 1 号における医師の文書による指示については、対象者の希望、心身の状況等を踏まえて、以下の医学的観点に基づき、介護福祉士による喀痰吸引等の提供に際して、個別に指示を受けるものであること。

・介護職員等による喀痰吸引等の実施の可否

・喀痰吸引等の実施内容

・その他、喀痰吸引等計画書に記載すべき事項

また、文書による指示を行う医師については、施設の場合は配置医や嘱託医、在宅の場合は対象者の主治の医師等を特定して、対象者の身体状況の変化等にも継続的に対応できるよう努めること。

(3) 医療関係者との連携確保及び役割分担

省令第 26 条の 3 第 1 項第 2 号は、医師又は看護職員による対象者の定期的な状態確認を行い、対象者の心身の状況に関する情報を共有し、喀痰吸引等の実施に際して介護福祉士等喀痰吸引等業務に従事する者（以下「喀痰吸引等業務従事者」という。）と医療関係者との間での連携体制の確保と適切な役割分担を定めることを義務づけたものである。

具体的な連携体制の確保については、

①　登録喀痰吸引等事業者が介護老人福祉施設（介護保険法（平成 9 年法律第 123 号）第 8 条第 24 項）等の施設など喀痰吸引等業務従事者と医療関係者が同一事業所内に配置されている場合は、施設内における配置医や配置看護職員と喀痰吸引等業務従事者及び施設長等の管理者の関与について、組織内部規程及び組織図等で定めておく等により担保を図ること。

②　登録喀痰吸引等事業者が訪問介護事業所（介護保険法第 8 条第 2 項の訪問介護を行う事業所）等の在宅事業所など喀痰吸引等業務従事者と医療関係者が異なる事業所内において従事している場合は、喀痰吸引等業務従事者及び当該従事者が従事する事業所の管理責任者、当該対象者への喀痰吸引等に関与する訪問看護事業所（介護保険法第 8 条第 4 項の訪問看護を行う事業所）等の看護職員及び管理者、並びに主治の医師等の間において、喀痰吸引等業務従事者から看護職員への日常的な連絡・相談・報告体制等の他、看護職員と医師、喀痰吸引等業務従事者と医師との連絡体制等についての取り決めの文書化などにより連携体制を構築すること。

　　また、適切な役割分担については、喀痰吸引等を必要とする対象者ごとに、連携体制構築下における情報共有の方法、医療関係者による定期的な状態確認の方法等それぞれの状況に応じた役割分担の明確化についての取り決めの文書化などにより行うこと。

(4)　喀痰吸引等計画書の作成

　　省令第 26 条の 3 第 1 項第 3 号については、個々の対象者の希望及び心身の状況並びに医師の指示を踏まえ、実施する喀痰吸引等の内容等が適切かつ安全なものとして、当該喀痰吸引等計画書を作成した喀痰吸引等業務従事者、当該従事者の従事する施設又は事業所の管理責任者のほか、医師及び看護職員、対象者及びその家族等との認識の共有のもとで継続的に実施されていく必要があることに留意すること。

　　また、作成された喀痰吸引等計画書については、対象者の心身の状況の変化や医師の指示等に基づき、必要に応じて適宜内容等の検証や見直しを行っていく必要があることに留意すること。

(5)　喀痰吸引等実施状況報告書の作成

　　省令第 26 条の 3 第 1 項第 4 号においては、喀痰吸引等を実施した日、実施内容、実施結果等を記載し、当該喀痰吸引等を実施している事業所又は施設の管理責任者、施設の場合においては配置看護職員、在宅の場合においては連携先の訪問看護事業所の看護職員への情報提供や確認も踏まえながら、指示を行った医師への報告と確認を行うこと。

　　なお、報告の頻度については、特に定めは設けないが、喀痰吸引等の提供が一定程度安定して行われている場合においては、当該事業所又は施設の報告体制に関する取り決め等に準拠し一定程度の頻度で行われること（例えば、施設の場合には毎月の定例会議、在宅の場合には喀痰吸引等の実施にかかわる関係者から成る定例会議等で報告を行うこと）、及び急変時における報告方法等の当該実施状況報告書に拠らない場合の報告手段について、連携確保及び役割分担に関する文書（省令第 26 条の 3 第 1 項第 2 号）を定めておくこと。

（6） 急変時等の対応

　　省令第26条の3第1項第5号は、喀痰吸引等業務従事者が現に喀痰吸引等の業務に携わっているときに対象者の病状の急変が生じた場合その他必要な場合には、速やかに医師又は看護職員へ連絡を行う等の必要な措置を講じなければならないこととしたものであるが、連携確保及び役割分担に関する取り決め等は文書で定めておくこと。

（7） 業務方法書

　　省令第26条の3第1項第6号の前各号に掲げる事項その他必要な事項を記載した喀痰吸引等業務に関する書類（以下「業務方法書」という。）については、当該事業所において、喀痰吸引等業務に関する関係者や関係機関等の具体的な内容について文書化し共有することで、一定程度以上の提供業務に関する基準を整備し、もって、安全かつ適正な提供体制の確保を図るものであること。

　　なお、業務方法書として、事業所ごとに、法第48条の5第1項各号に掲げる要件を含む以下の内容について定めた場合は、当該業務方法書をもって、省令第26条の2第1項第4号の書類として差し支えない。

①　喀痰吸引等の提供体制に関すること

　　○具体的な連携体制及び役割分担に関すること（省令第26条の3第1項第2号）

　　　※関係機関の名称、関係者の氏名及び役職等を含むこと。

　　　※情報共有の方法、定期的な状態確認の方法等それぞれの状況に応じた役割分担の明確化を含むこと。

　　○具体的な安全体制に関すること（省令第26条の3第2項第3号から第5号まで）

　　　・安全委員会の設置・運営に関すること

　　　　※安全委員会の設置規程、構成員一覧、その他実施計画など委員会の運営に関する資料を含むこと。

　　　・実践的な研修会に関すること

　　　　※研修内容等を含んだ具体的な研修計画を含むこと。

　　　・ヒヤリ・ハット等の事例の蓄積及び分析に関すること

　　　　※実施の目的、ヒヤリ・ハット等の事例の収集方法や報告様式、具体的な分析体制等を含むこと。

　　　・備品及び衛生管理に関すること

　　　　※備品等一覧、衛生管理に関する規程、感染予防及び感染症発生時の対応マニュアル等を含むこと。

　　○秘密保持に関すること（省令第26条の3第2項第7号）

　　　※対象者への説明手順等に関する施設又は事業所内の取り決め等を含むこと。

②　喀痰吸引等業務の手順に関すること

　　○医師の文書による指示に関すること（省令第26条の3第1項第1号）

　　　※当該施設又は事業所において使用する指示書様式、具体的な指示の手順等を示した記載要領の整備等を含むこと。

○具体的な計画作成に関すること（省令第26条の3第1項第3号）

※当該施設又は事業所において使用する喀痰吸引等計画書様式、計画承認のプロセスに関する規程、計画変更・見直しの頻度等に関する取り決め等を含むこと。

○具体的な報告手順に関すること（省令第26条の3第1項第4号）

※当該施設又は事業所において使用する喀痰吸引等実施状況報告書様式、報告頻度や報告の手順等に関する取り決め等を含むこと。

○対象者等の同意に関すること（省令第26条の3第2項第6号）

※同意に要する様式、同意を得るための具体的な説明手順、同意を得た旨の証明に関する取り決め等を含むこと。

○具体的な急変時の連絡手順に関すること（省令第26条の3第1項第5号）

3. 登録基準：介護福祉士の実地研修及びその他の安全確保措置等に関する事項

（1）登録基準

省令第26条の3第2項は、法第48条の5第1項の規定による登録喀痰吸引等事業者が登録に当たって満たすべき基準のうち、同項第2号の喀痰吸引等の実施に関し安全かつ適切に実施するために必要な措置に関する基準を定めたものであること。

（2）実地研修修了者による喀痰吸引等の実施

省令第26条の3第2項第1号は、登録喀痰吸引等事業者の遵守すべき基準として、必要な知識・技能を修得した介護福祉士のみが喀痰吸引等の業務の実施が可能であることから、登録喀痰吸引等事業者は介護福祉士が登録を受けた行為に限り、その介護福祉士に限り行わせるものであること。

なお、登録喀痰吸引等事業者が実地研修を修了していない介護福祉士に対し喀痰吸引等業務を行わせた場合は、法第48条の7の各号のいずれかに該当し、登録の取消し又は業務停止等の処分の対象となり得ることとなり、また、介護福祉士には、法第45条において信用失墜行為の禁止義務が課されており、仮に介護福祉士が実地研修を受けずに喀痰吸引等を行った場合、信用失墜行為違反となり、行政処分（登録の取消し又は名称使用停止）の対象となり得ること。

（3）介護福祉士の実地研修

省令第26条の3第2項第2号は、介護福祉士については介護福祉士国家資格取得前に実地研修を修了していない場合もあることから、介護福祉士が登録喀痰吸引等事業者に就業後、喀痰吸引等の業務を安全に実施するための実地研修の実施義務を課したものであること。

なお、省令第1条各号に掲げる行為の全てについての実施を実地研修の対象要件としていないのは、登録喀痰吸引等事業者が各号に掲げる行為の全てについて必ずしも実施しているものとは限らないことから、当該事業所において必要な行為のみについて限定しているものであること。

（4）介護福祉士の実地研修の修得程度の審査

省令第26条の3第2項第2号のイは、安全確保の観点から、介護福祉士に対する実地研

修については、法附則第4条第2項に規定する喀痰吸引等研修（以下「喀痰吸引等研修」という。）の課程と同等程度以上の知識及び技術を身につけることとし、実地研修の実施主体である登録喀痰吸引等事業者における公正かつ適切な修得程度の審査を義務づけたものであること。

このため実地研修の実施については、法第48条の5第1項第1号の登録基準に規定する医師、看護師その他の医療関係者との連携確保を踏まえて、実施すること。

また、当該研修の実施方法、修得程度の審査方法等については、別途通知する研修実施要綱（喀痰吸引等研修について定めた研修実施要綱）に基づき、またはこれと同程度以上のものを実施すること。

(5) 実地研修修了証の交付

省令第26条の3第2項第2号のロは、介護福祉士が修了すべき実地研修が行為別となっており、同項第1号のとおり介護福祉士は実地研修を修了したものに限り喀痰吸引等を行うことができることから、これを証明することにより安全を確保するものであること。

(6) 帳簿の作成及び保管

省令第26条の3第2項第2号のハは、実地研修の修了状況の管理について当該研修の実施主体である登録喀痰吸引等事業者の責務として位置づけたものであること。

なお、登録喀痰吸引等事業者が喀痰吸引等業務を廃止した場合には、当該事業者が作成した帳簿の保管は登録を行った都道府県において管理すること。

(7) 介護福祉士の実地研修の都道府県知事への報告

省令第26条の3第2項第2号のニでは、実地研修修了証の交付状況について、定期的に都道府県知事に報告することとされているが、これは登録喀痰吸引等事業者に対し指導監督権限を有する都道府県において、法第48条の5に定める登録基準と同様に、従事者である介護福祉士の実施できる喀痰吸引等の範囲について個別に把握を行うことが、安全かつ適切な実施のために必要な条件として定めたものであることから、少なくとも年1回以上報告させること。

また、都道府県への報告如何に関わらず、通常、施設及び事業所等の人員管理状況が月次で行われていること等を鑑み、実地研修修了証の交付状況については暦月を単位として管理すること。

(8) 安全委員会の設置、研修体制の整備その他の安全体制の確保

省令第26条の3第2項第3号は、喀痰吸引等の実施について医療関係者等との連携の下での安全確保体制を整備し、常時、適切な喀痰吸引等の業務が行われることを定めたものであること。

(9) 施設・在宅における安全確保体制

省令第26条の3第2項第3号に規定する医師又は看護職員を含む者で構成される安全委員会の設置については、施設の場合においては施設長をはじめ、医師又は看護職員等の医療関係者、喀痰吸引等業務従事者を含む介護関係者から構成される安全委員会の設置を、在宅の場合においては、喀痰吸引等業務従事者及び当該事業者の従事する事業所の管理責任者、

当該事業所の関与する喀痰吸引等対象者に関わる全ての訪問看護事業所等の看護職員、主治の医師等から構成される連携体制における定例会議（喀痰吸引等関係者会議）等のいずれも多職種から構成される場を設けること。

　なお、既存の委員会等（例えば施設の場合においては、感染予防委員会、事故発生防止委員会等の委員会組織など、在宅の場合においては、当該登録喀痰吸引等事業者が定例的に参画しているサービス担当者会議など）が設置運営されている場合において、満たすべき構成員等が確保されており、下記（10）に示す所掌内容について実施が可能な場合においては、当該体制の活用により安全確保体制を構築しても差し支えないこと。

（10）　安全確保体制における具体的取組内容

　　安全委員会又は喀痰吸引等関係者会議（以下、「安全委員会等」という。）においては、以下について取り決めを行うこと。

・当該委員会又は喀痰吸引等関係者会議の設置規程に関すること。

・当該事業所の喀痰吸引等業務の実施規程に関すること。

・当該事業所の喀痰吸引等業務の実施方針・実施計画に関すること。

・当該事業所の喀痰吸引等業務の実施状況・進捗状況の把握に関すること。

・当該事業所の喀痰吸引等業務従事者等の教育等に関すること。

・その他、当該事業所の喀痰吸引等業務の実施に関して必要な事項に関すること。

（11）　安全委員会等の運用上の留意事項

　　安全委員会等の運用においては、以下の点に留意すること。

・安全委員会等の管理及び運用を司る責任体制を明確にすること。

・安全体制の確保を重視し適切かつ迅速な運用対応が行われるよう調整連絡を行う役割を明確に設けること。

・新規対象者に対しても適切な喀痰吸引等の提供体制が速やかに構築できるよう、委員等の構成について臨機応変な対応がとれるよう留意すること。

・安全委員会等の構築にあたっては、その構成員が所属する機関の設置運営法人、地域の関係者、行政機関等についても、適宜、協力及び連携が図られるよう努めること。

（12）　研修体制の整備その他の安全確保

　　喀痰吸引等の提供については、安全確保を徹底して行う必要があることからも、喀痰吸引等業務従事者が介護福祉士であるか否かに関わらず、各登録喀痰吸引等事業者の業務に応じた実践的な研修（いわゆるOJT研修等）の実施や、ヒヤリ・ハット等の事例の蓄積及び分析を行うことは有効であることから、そのための体制整備を行うこと。

　　加えて、登録喀痰吸引等事業者においては、喀痰吸引等の提供について賠償すべき事態において速やかに賠償を行うため、当該事業所において実施している喀痰吸引等についても対象となる損害賠償保険制度に加入しておくか、又は賠償資力を有することが望ましいこと。

（13）　備品等の確保

　　省令第26条の3第2項第4号のそれぞれの事業所において確保すべき備品等としての喀痰吸引等に必要な機械器具等の品名及び数量等については、下記の「登録喀痰吸引等事業者

が備えておくべき備品等一覧」により、当該事業所等において行われる喀痰吸引等の提供業務に必要な備品を整備すること。

「登録喀痰吸引等事業者が備えておくべき備品等一覧」

品　　　名	数　　量	備　　　考
吸引装置一式	適当数	
経管栄養用具一式	適当数	
処置台又はワゴン	適当数	代替機能を有する床頭台等でも可。
心肺蘇生訓練用器材一式	適当数	

　なお、同一の登録喀痰吸引等事業者が同一敷地内にある複数事業所において喀痰吸引等業務を行う場合には、事業所毎の喀痰吸引等に支障がない場合は、備品等の併用ができるものとする。また、喀痰吸引等業務の提供を受ける者が必要な備品等を所有している場合にはこの限りではない。

（14）　衛生的な管理及び感染症予防措置

　省令第26条の3第2項第5号については、同項第4号の備品等についての衛生管理に努めることのほか、喀痰吸引等業務従事者の清潔の保持及び健康状態の管理並びに事業所の設備及び備品等の衛生的な管理に努めるべきことを規定したものであることから、特に感染症の発生を防止するための措置として、登録喀痰吸引等事業者は対象者間の感染予防及び喀痰吸引等業務従事者が感染源となることを予防するため、消毒・滅菌の徹底、必要に応じて使い捨て機材の活用を図るほか、使い捨ての手袋等感染を予防するための備品等を備えるなど対策を講じる必要があるとともに、必要に応じて保健所の助言、指導を求めるとともに、常に密接な連携を保つこと。

（15）　対象者又はその家族等への説明と同意

　省令第26条の3第2項第6号については、喀痰吸引等計画書の内容として記載されている医師の指示、具体的な喀痰吸引等の手順、具体的な緊急時の対応手順などについて、対象者及びその家族に理解しやすい方法で説明を行い、十分な安全確保が図られている中で実施されていることについて、対象者の理解、同意を得た上で実施すること。

（16）　秘密の保持

　省令第26条の3第2項第7号については、登録喀痰吸引等事業者に対して、過去に当該事業所の従業者であった喀痰吸引等業務従事者が、その業務上知り得た対象者又はその家族等の秘密を漏らすことがないよう必要な措置を取ることを義務づけたものであり、具体的には、登録喀痰吸引等事業者は、当該事業所の喀痰吸引等業務従事者でなくなった後においてもこれらの秘密を保持すべき旨を、従業者との雇用契約締結時等に取り決めるなどの措置を講ずべきこと。

　また、介護福祉士においては、法第46条においても守秘義務が課せられているので、登録喀痰吸引等事業者は従事者である介護福祉士に対しその旨についての周知等を徹底すること。

(17)　公示

　　都道府県知事は、登録喀痰吸引等事業者の登録等を行った場合、法第48条の8において公示が義務づけられているところであるが、公示に関する事務手続きなどその運用においては適切かつ速やかに行う体制を構築するとともに、公示した場合には、当該喀痰吸引等の提供の対象者等をはじめとした関係者・関係団体への周知についても留意すること。

4. 欠格条項

　　法第48条の4各号に掲げられた者が喀痰吸引等業務の登録を受けることができないとされているのは、喀痰吸引等業務の安全性を全国統一的に最低限担保する必要があるからである。このため、各都道府県の実情に照らし特段の事情がある場合には、例えば、「暴力団員（暴力団員による不当な行為の防止等に関する法律（平成3年法律第77号）第2条第6号に規定する暴力団員をいう。以下同じ。）又は暴力団員がその事業活動を支配する法人」は、法第48条の4各号に掲げられていないものの、各都道府県の条例において、登録を受けることができない者とすること等も許容されること。

第4　認定特定行為業務従事者の認定

1. 特定行為

　　省令附則第4条は、法附則第3条の規定により、当分の間、介護の業務に従事する者であって喀痰吸引等研修を修了した者については、都道府県知事の認定証の交付をもって研修を修了した喀痰吸引等の行為につき特定行為（法附則第3条第1項に規定する特定行為をいう。以下同じ。）として行うことが可能であるが、この特定行為の実施に必要な研修の課程について、省令第1条各号に掲げるすべての行為が可能な類型の「第1号研修」、同条第3号の気管カニューレ内部の喀痰吸引と第5号の経鼻経管栄養を除いた類型の「第2号研修」、重度障害児・者等特定の利用者への実施を前提とした類型の「第3号研修」の三区分を定めたものであること。

2. 認定特定行為業務従事者認定証の交付申請

　　省令附則第5条第3号のその他必要な事項は、喀痰吸引等研修を修了した都道府県または登録研修機関（法附則第4条第2項に規定する登録研修機関をいう。以下同じ。）の名称及び所在地とするものであること。

3. 認定特定行為業務従事者認定証の管理

　　法附則第4条に基づき交付した認定特定行為業務従事者認定証については、省令附則第5条各号のほか、法附則第4条第3項及び第4項に関する確認欄等を含めた「認定特定行為業務従事者認定証登録簿」を作成し都道府県において管理を行うこと。

4. 認定証の記載事項

　　省令附則第6条第2号については、第1条各号に定める行為のうち実地研修まで修了した特定行為ごとに記載するものであること。

　　また同条第3号のその他必要な事項は、認定特定行為業務従事者の登録番号とするものであること。

5. 都道府県知事による認定

法附則第 4 条第 2 項の都道府県知事が行う認定については、介護の業務に従事する者に対して認定特定行為業務従事者となるために必要な知識及び技能が修得されているか否かについて喀痰吸引等研修を修了したことを証する書類をもって確認することを要するものであること。

6. 変更の届出

省令附則第 7 条は、附則第 5 条に掲げる事項については同条第 2 号に規定する喀痰吸引等研修を修了した特定行為を実施する前に届出が必要であることを規定したものであること。

7. 研修の委託

喀痰吸引等研修については、省令の別表第 1 から第 3 までの基本研修及び実地研修のそれぞれについて、適切な事業運営が確保できると認められる研修実施機関に委託ができるものであること。

なお、都道府県が自ら実施する場合、登録研修機関において実施する場合に関わらず、喀痰吸引等研修の全部又は一部（登録研修機関の場合は一部）を研修実施機関に委託する場合は、文書による委託契約を行うとともに、当該喀痰吸引等研修を受託した研修実施機関において、法令に規定する事項について遵守が保たれるよう留意すること。

8. 認定証交付事務の委託

都道府県は、法附則第 5 条第 1 項の規定による認定特定行為業務従事者認定証に関する事務の委託について、政令附則第 5 条及び省令附則第 9 条に定めるもののほか、以下の点を留意し行うものとすること。

・委託を行った登録研修機関においても認定特定行為業務従事者認定証管理簿の作成及び管理を行わせるとともに、適宜、突合等を行うことにより双方における適正な管理事務の確保を図ること。

・法附則第 4 条第 4 項及び政令附則第 4 条に規定している複数都道府県間における認定特定行為業務従事者認定証の返納等の事務が発生した場合についての取り決めを行っておくこと。

第 5　登録研修機関

1. 登録申請・登録基準

（1）　登録研修機関の登録申請

省令附則第 10 条第 1 項は、登録研修機関の登録申請に必要な申請事項を、省令附則第 10 条第 2 項は、登録申請に必要な添付書類について規定したものであること。

このうち、同条第 1 項第 4 号に規定する喀痰吸引等研修の内容については、省令附則第 4 条に定める喀痰吸引等研修の課程及び課程ごとの研修実施予定人数等が含まれるものであること。

（2）　実務に関する科目

法附則第 8 条第 1 項第 2 号及び省令附則第 11 条第 1 項においては、喀痰吸引等の実務に関する科目については、医師、保健師、助産師又は看護師が講師として研修の業務に従事することを規定しているが、この実務に関する科目は、省令別表第 1 及び第 2 においては、第

1号の基本研修①講義のうち、科目「人間と社会」及び科目「保健医療制度とチーム医療」を除く全ての科目を、別表第3においては、第1号の基本研修のうち、科目「重度障害児・者等の地域生活等に関する講義」を除く全ての科目を指すものであること。

　なお、科目「人間と社会」及び「保健医療制度とチーム医療」並びに「重度障害児・者等の地域生活等に関する講義」については、当該科目について相当の学識経験を有する者を講師として差し支えないこと。

（3）　喀痰吸引等研修の講師

　省令附則第11条第1項については、喀痰吸引等が医行為であるから、当該喀痰吸引等研修のうち実務に関する科目についての講師を医療従事者に限定して位置づけたものであること。

　なお、准看護師及び介護等の業務に従事した経験を有する介護福祉士等（喀痰吸引等業務を行った経験を有する者に限る。）が、講師の指示の下で講師補助者として喀痰吸引等研修に携わることは可能であること。（第3号研修に限る。）

　演習科目「救急蘇生法」について、救急救命士が講師の指示の下で講師補助者として研修に携わることは差し支えないこと。（第1号、第2号研修に限る。）

　また、以下の指導者向け研修を修了した者が、研修課程に応じて講師を行うことが望ましいこと。

○省令別表第1及び第2の課程による喀痰吸引等研修

- ・平成22年度に厚生労働省から委託を受けて実施された「介護職員によるたんの吸引等の試行事業（不特定多数の者対象）」における指導者講習（平成22年度老人保健健康増進等事業「介護職員によるたんの吸引等の試行事業の研修のあり方に関する調査研究事業」）を修了した、医師、保健師、助産師及び看護師
- ・平成23年度に「介護職員等によるたんの吸引等の実施のための研修事業（指導者講習）の開催について」（平成23年8月24日老発0824第1号老健局長通知）による指導者講習を修了した、医師、保健師、助産師及び看護師及び上記指導者講習と同等の内容の講習として都道府県において実施された講習等を修了した、医師、保健師、助産師及び看護師
- ・「平成24年度喀痰吸引等指導者講習（第一号、第二号研修指導者分）の開催について」（平成24年5月18日社援基発0518第1号社会・援護局福祉基盤課長通知）による指導者講習を修了した、医師、保健師、助産師及び看護師並びに上記指導者講習と同等の内容の講習として都道府県において実施された講習等を修了した、医師、保健師、助産師及び看護師
- ・「実務者研修教員講習会及び医療的ケア教員講習会の実施について」（平成23年10月28日社援発1028第3号厚生労働省社会・援護局長通知）に定める医療的ケア教員講習会を修了した医師、保健師、助産師及び看護師

○省令別表第3の課程による喀痰吸引等研修

- ・「介護職員等によるたんの吸引等の実施のための指導者養成事業（特定の者対象）につ

いて」（平成 23 年 9 月 14 日障発 0914 第 2 号厚生労働省社会・援護局障害保健福祉部長通知）に定める指導者養成事業を修了した医師、保健師、助産師及び看護師並びにこれに相当する知識及び技能を有すると認められる医師、保健師、助産師及び看護師

(4) 喀痰吸引等研修の講師の数

省令附則第 11 条第 2 項第 1 号については、喀痰吸引等研修の実施においては、受講者数の規模に応じて適切な規模での研修体制を整備し、受講者の教育の機会を確保できるよう必要な講師数を確保することを定めたものであること。

(5) 喀痰吸引等研修の設備

省令附則第 11 条第 2 項第 2 号の研修に必要な機械器具、模型等の品名及び数量等については、下記の「登録研修機関が備えておくべき備品等一覧」を参照とすること。

また、備品等の管理にあたっては、感染症予防等の衛生上の管理に配慮すること。

「登録研修機関が備えておくべき備品等一覧」

品　　名	数　量	備　　考
吸引装置一式	適当数	
経管栄養用具一式	適当数	
処置台又はワゴン	適当数	代替機能を有する床頭台等でも可。
吸引訓練モデル	適当数	
経管栄養訓練モデル	適当数	
心肺蘇生訓練用器材一式	適当数	
人体解剖模型	1	全身模型とし、分解数は問わない。（第 3 号研修のみを実施する登録研修機関を除く。）

(6) 喀痰吸引等研修の経理的基礎

省令附則第 11 条第 2 項第 3 号については、経理の基礎として以下の事項について留意すること。

・当該喀痰吸引等研修の経理が他と区分して整理されていること。

・会計帳簿、決算書類等収支状況を明らかにする書類が整備されていること。

・料金については適当な額とすること。

・料金の収納方法についても受講者へ配慮した取扱いとするとともに、不当な金額を徴収しないこと。

(7) 講師に関する書類の整備

省令附則第 11 条第 2 項第 4 号の書類整備に際しては、演習において指導にあたる講師、実地研修において指導にあたる講師がわかるように整理しておくこと。

(8) 研修修了者の帳簿管理

省令附則第 11 条第 2 項第 5 号の喀痰吸引等研修に関する帳簿（研修修了者一覧表）については、研修修了状況を管理するとともに、基本研修のうち講義、演習の各段階における修

了状況についても、当該研修修了者一覧表において管理を行うこと。

(9)　都道府県知事への報告

　　省令附則第 11 条第 2 項第 6 号において、登録研修機関は当該喀痰吸引等研修の課程ごとの研修修了者一覧表を、定期的に都道府県知事に提出することとしているが、各都道府県は、研修修了後、研修修了者に対し認定特定行為業務従事者としての認定を行う必要があることから、登録研修機関には適切かつ速やかに提出を行わせること。

　　なお、具体的な提出期限等については、各都道府県と登録研修機関において調整の上、取り決めて差し支えないが、少なくとも年 1 回以上とされたい。

(10)　研修機関登録簿

　　省令附則第 12 条については、同一の申請者より、喀痰吸引等研修の課程について複数の登録申請が行われることもあることから、研修課程区分を設けて登録研修機関登録簿に記載すること。

　　なお、登録研修機関が喀痰吸引等研修の業務を廃止した際には、当該登録研修機関で作成した帳簿等の管理は登録を行った都道府県において管理すること。

2.　喀痰吸引等研修の実施

(1)　研修課程の下限

　　省令附則第 13 条第 1 号において、喀痰吸引等研修については、課程に応じてそれぞれイからハに掲げる内容以上のものを行うこととされているが、都道府県又は登録研修機関において、当該規定の内容以上の基準を設けて喀痰吸引等研修を行う場合には、省令附則第 14 条第 6 号に定める業務規程に位置づけるとともに、受講者への周知等、適切な業務実施を行うこと。

　　なお、演習及び実地研修において、人工呼吸器装着者に対する喀痰吸引を行う場合は、当該規定の内容以上の基準に該当するものとして、同表に定める科目とは別途に行うこと。

(2)　研修段階毎の修得審査

　　省令附則第 13 条第 2 号において、喀痰吸引等研修に係る講義、演習及び実地研修については段階毎に、適切にその修得程度を審査することとされているが、修得審査を行う段階及び段階毎の修得程度の審査の方法については、以下のとおりであること。

①　省令附則第 13 条第 1 号イ及びロについては、基本研修の (1) 講義修了段階、(2) 演習修了段階、(3) 実地研修の修了段階の三段階とし、講義については筆記試験の実施により知識の定着を確認し、演習及び実地研修については評価の実施により技能の修得の確認を行うものとすること。

②　同号ハについては、(1) 基本研修（講義及び演習）の修了段階、(2) 実地研修の修了段階の二段階とし、講義については筆記試験の実施により知識の定着を確認し、演習及び実地研修については評価の実施により技能の修得の確認を行うものとすること。

　　なお、具体的な喀痰吸引等研修の実施方法、修得程度の審査方法等については、別途通知する研修実施要綱に基づき実施すること。

(3)　研修修了証明書の交付

省令附則第13条第3号に定める喀痰吸引等研修を修了したことを証する書類については、都道府県知事又は登録研修機関の長名により、研修修了者に対し修了証明の交付を行うものとすること。

(4) 研修の一部履修免除

省令附則第13条の喀痰吸引等研修の課程については、当該喀痰吸引等研修以外の喀痰吸引等に関する研修等の受講履歴その他受講者の有する知識及び経験を勘案した結果、相当の水準に達していると認められる場合には、当該喀痰吸引等研修の一部を履修したものとして取り扱うこととし、以下に定める者の場合には、以下の履修の範囲とすること。

○第1号研修及び第2号研修

・法第40条第2項第1号から第3号まで若しくは第5号の規定に基づく養成施設若しくは学校又は同項第4号の規定に基づく高等学校若しくは中等教育学校において医療的ケア（実地研修を除く）の科目を履修した者

（履修の範囲）基本研修

・法第40条第2項第1号から第3号まで若しくは第5号の規定に基づく養成施設若しくは学校又は同項第4号の規定に基づく高等学校若しくは中等教育学校において医療的ケア（実地研修を含む）の科目を履修した者

（履修の範囲）基本研修及び実地研修

・「特別養護老人ホームにおけるたんの吸引等の取扱いについて」（平成22年4月1日医政発0401第17号厚生労働省医政局長通知）に基づくたんの吸引等を適切に行うために必要な知識及び技術に関する研修を修了した者

（履修の範囲）基本研修の演習のうち「口腔内の喀痰吸引」及び実地研修のうち「口腔内の喀痰吸引」

・平成22年度に厚生労働省から委託を受けて実施された「介護職員によるたんの吸引等の試行事業（不特定多数の者対象）」の研修（平成22年度老人保健健康増進等事業「介護職員によるたんの吸引等の試行事業の研修のあり方に関する調査研究事業」）を修了した者

（履修の範囲）基本研修（講義）、基本研修（演習）及び実地研修（上記研修において実地研修を修了した行為に限る）

・「「平成23年度介護職員等によるたんの吸引等の実施のための研修事業」の実施について」（平成23年10月6日老発1006第1号厚生労働省老健局長通知）に基づく研修を修了した者

（履修の範囲）基本研修（講義）（筆記試験に合格した者に限る）、基本研修（演習）及び実地研修（上記研修において修了した行為に限る）

○第3号研修

・平成22年度に厚生労働省から委託を受けて実施された「介護職員等によるたんの吸引等の実施のための試行事業（特定の者対象）」の研修修了者

（履修の範囲）基本研修

・「平成23年度介護職員等によるたんの吸引等の実施のための研修事業（特定の者対象）の実施について」（平成23年11月11日障発1111第2号厚生労働省社会・援護局障害保健福祉部長通知）

（履修の範囲）基本研修

・「ALS（筋萎縮性側索硬化症）患者の在宅療養の支援について」（平成15年7月17日医政発第0717001号厚生労働省医政局長通知）に基づくたんの吸引の実施者

（履修の範囲）基本研修の「喀痰吸引等を必要とする重度障害児・者等の障害及び支援に関する講義」及び「緊急時の対応及び危険防止に関する講義」のうちの喀痰吸引に関する部分並びに「喀痰吸引等に関する演習」のうちの通知に基づき実施している行為に関する部分

・「在宅におけるALS以外の療養患者・障害者に対するたんの吸引の取扱いについて」（平成17年3月24日医政発第0324006号厚生労働省医政局長通知）に基づくたんの吸引の実施者

（履修の範囲）基本研修の「喀痰吸引等を必要とする重度障害児・者等の障害及び支援に関する講義」及び「緊急時の対応及び危険防止に関する講義」のうちの喀痰吸引に関する部分並びに「喀痰吸引等に関する演習」のうちの通知に基づき実施している行為に関する部分

・「盲・聾・養護学校におけるたんの吸引等の取扱いについて」（平成16年10月20日医政発第1020008号厚生労働省医政局長通知）に基づくたんの吸引等の実施者

（履修の範囲）基本研修（気管カニューレ内部の喀痰吸引に関する部分を除く。）

(5) 実地研修の実施先

省令別表に定める喀痰吸引等研修の課程のうち、実地研修の実施先については、法附則第8条に定める要件・省令附則第11条に定める実地研修に係る要件を満たす必要がある。

登録研修機関については、登録喀痰吸引等事業者について病院及び診療所を対象外とする法第48条の5第1項第3号及び省令第26条の3第3項に相当する規定はないが、実地研修は登録喀痰吸引等事業者となる事業所、施設等で行うことが望ましく、医療機関において実地研修を実施する場合でも、対象者の状態が比較的安定している介護療養病床や重症心身障害児施設等において研修を行うことが適当であること。

3. 業務規程

(1) 業務規程

法附則第12条第1項に規定する業務規程（以下「業務規程」という。）については、当該登録研修機関内への掲示、当該登録研修機関で実施される喀痰吸引等研修の受講希望者等への提示など、必要に応じて適宜提示及び説明を行うことができるように努めなければならないこと。

(2) 業務規程で定める事項

省令附則第14条第6号のその他喀痰吸引等研修の業務に関し必要な事項は、以下の事項とすること。なお、登録研修機関における喀痰吸引等研修は、実施事業者に所属する職員以

外にも、受講希望者を受け入れるものであることから、実施案内や受講資格、研修費用、評価方法等に関する定めについては、その公平性に留意すること。

- ・開講目的
- ・研修事業の名称
- ・実施する研修課程
- ・研修講師氏名一覧
- ・実地研修実施先一覧（施設等であって事前登録が可能な場合に限る。）
- ・研修修了の認定方法
- ・受講資格

4. 公示

都道府県知事は、登録研修機関の登録等を行った場合、法附則第17条において公示が義務づけられているところであるが、公示に関する事務手続きなどその運用においては適切かつ速やかに行う体制を構築するとともに、公示した場合には、関係者・関係団体等への周知についても留意すること。

5. 欠格条項

法附則第7条に掲げられた者が登録研修機関の登録を受けることができないとされているのは、研修体制の安全性を全国統一的に最低限担保する必要があるからである。このため、各都道府県の実情に照らし特段の事情がある場合には、例えば、「暴力団員又は暴力団員がその事業活動を支配する法人」は、法附則第7条各号に掲げられていないものの、各都道府県の条例において、登録を受けることができない者とすること等も許容されること。

第6 認定特定行為業務従事者に対する処分

認定特定行為業務従事者に対する業務停止命令及び認定特定行為業務従事者認定証返納処分については、法附則第4条第4項及び政令附則第4条において規定しているところであるが、当該事務は複数の都道府県知事間において、適切かつ速やかな処理を行う必要があることからも、以下の点に留意し行うこと。

1. 各都道府県においては、法附則第4条第3項及び第4項に関する確認欄等を含めた認定特定行為業務従事者認定証登録簿を作成し保管を行うこととし、本規定により処分等の対象となった認定特定行為業務従事者に関する事項については、処分等の後においても引き続き登録簿上の管理を行うこと。

2. 法附則第4条第3項及び第4項のいわゆる欠格事由に該当する恐れのある事実の発覚及びその旨の情報把握等を行った場合、情報提供者等を含む関係機関等との連携、調整により事実の確認に努めること。

3. 政令附則第4条第2項もしくは第3項により通知を受けた都道府県知事は、速やかに当該認定特定行為業務従事者に対し、認定特定行為業務従事者認定証の返納命令を行うとともに、通知を行った都道府県知事に対しても情報提供を行うこと。また、当該認定特定行為業務従事者より認定特定行為業務従事者認定証の変更があった場合についても、その旨の情報提供を行う

こと。

4. あわせて、当該事務において連携、調整を行うべき関係機関等には厚生労働省も含まれることから、上記の情報提供等については厚生労働省に対しても行うこと。

第7 都道府県知事による指導監督

法第48条の9及び法附則第18条に基づく登録喀痰吸引等事業者及び登録研修機関に対する都道府県知事による指導監督については、喀痰吸引等の制度の健全かつ適正な運営の確保を図るため、法令等に基づく適正な事業実施に努めさせるよう行われること。

なお、当該指導監督業務の実施に関しては、介護保険法に基づき都道府県、指定都市、中核市及び市町村が行う介護保険事業者指導及び業務管理体制確認検査の担当部署や、障害者自立支援法に基づき都道府県、指定都市、中核市及び市町村が行う障害自立支援業務実地指導の担当部署のほか、医療保険各法及び高齢者の医療の確保に関する法律に基づき都道府県が行う指導監査の担当部署や、医療法に基づき都道府県等が行う医療監視の担当部署とも連携の上、その円滑かつ効率的な実施に努められたい。

第8 経過措置

1. 改正省令附則第2条について

(1) 平成24年4月1日から平成27年3月31日までの介護福祉士に関する取扱い

改正省令附則第2条第1項は、平成24年4月1日から平成27年3月31日までの間において、介護福祉士は、認定特定行為業務従事者として、特定行為を行うことを業とすることができることを規定したものであること。

したがって、省令第1条、第9条、第24条の2、第26条、第26条の2及び第26条の3の規定は、平成27年3月31日までは適用されないものであること（改正省令附則第2条第3項）。

(2) 平成27年3月31日までの間において介護福祉士が実施可能な行為

平成27年3月31日までの間において、介護福祉士は認定特定行為業務従事者として特定行為を行うものであるから、その実施可能な行為は、改正省令附則第2条第2項各号に掲げる行為のうち、喀痰吸引等研修の課程を修了した特定行為とするものであること。

2. 改正省令附則第3条について

(1) 対象者等

改正省令附則第3条第1項の対象者及び実施可能な行為は以下の通りであること。

① 対象者

以下のいずれかに該当する者であること（改正法附則第13条第1項）。

・平成27年4月1日において介護福祉士の登録を受けている者

・平成27年4月1日において介護福祉士となる資格を有する者であって同日以後に介護福祉士の登録を受けたもの

② 実施可能な範囲

以下のとおりであること。

 イ）改正法附則第13条第3項の指定研修課程を修了し、平成27年4月1日から平成37年3月31日までの間に厚生労働大臣に申請を行った場合には、同条第5項の特定登録証の交付を受け、省令第1条の医師の指示の下に行われる行為を業とすることが可能であること（改正法附則第13条第2項）。

 ロ）喀痰吸引等研修を受講し、認定特定行為業務従事者認定証の交付を受けた場合には、認定特定行為業務従事者として特定行為を行うことを業とすることが可能であること（改正法附則第13条第8項）。

3. 改正省令附則第4条について

（1）対象者等

改正省令附則第4条第1項の対象者及び当該対象者が実施可能な行為は以下の通りであること。

 ① 対象者

以下のいずれかに該当する者であること（改正法附則第14条第1項）。

・平成24年4月1日において特定行為を適切に行う知識及び技能の修得を終えている者

・平成24年4月1日において特定行為を適切に行う知識及び技能を修得中であり、同日後に修得を終えた者

 ② 実施可能な行為

喀痰吸引等研修の課程を修了した者と同等以上の知識及び技能を有する旨の都道府県知事の認定を受け、認定特定行為業務従事者認定証の交付を受けた場合には、認定特定行為業務従事者として改正省令附則第4条第2項の医師の下に行われる行為を業とすることが可能であること（改正法附則第14条第3項）。

（2）具体的な経過措置対象の範囲

改正省令附則第4条第1項に定める対象者及び同条第3項に定める行為の具体的な範囲については、以下のとおりであること。

○「ALS（筋萎縮性側索硬化症）患者の在宅療養の支援について」（平成15年7月17日医政発第0717001号厚生労働省医政局長通知）に基づき、平成24年4月1日においてたんの吸引の業務に従事する者又は同日においてたんの吸引を適切に行う知識及び技能を修得中であり、同日後に修得を終えた者による喀痰吸引

○「盲・聾・養護学校におけるたんの吸引等の取扱いについて」（平成16年10月20日医政発第1020008号厚生労働省医政局長通知）に基づき、平成24年4月1日において現にたんの吸引等の業務に従事する者又は同日においてたんの吸引等を適切に行う知識及び技能を修得中であり、同日後に修得を終えた者による喀痰吸引及び経管栄養（気管カニューレ内部の喀痰吸引を除く。）

○「在宅におけるALS以外の療養患者・障害者に対するたんの吸引の取扱いについて」（平成17年3月24日医政発第0324006号厚生労働省医政局長通知）に基づき、平成24年4月1日においてたんの吸引の業務に従事する者又は同日においてたんの吸引を適切に行う

知識及び技能を修得中であり、同日後に修得を終えた者による喀痰吸引

○「特別養護老人ホームにおけるたんの吸引等の取扱いについて」（平成22年4月1日医政発0401第17号厚生労働省医政局長通知）に基づき、必要な研修を修了し平成24年4月1日においてたんの吸引等の業務に従事する者又は同日においてたんの吸引等を適切に行うために必要な知識及び技能に関する研修を受講中であり、同日後に修了した者による喀痰吸引及び胃ろうによる経管栄養（チューブ接続及び注入開始を除く。）

○平成22年度に厚生労働省から委託を受けて実施された「介護職員によるたんの吸引等の試行事業（不特定多数の者対象)」の研修（平成22年度老人保健健康増進等事業「介護職員によるたんの吸引等の試行事業の研修のあり方に関する調査研究事業」）について、基本研修及び実地研修を修了した行為

○「「平成23年度介護職員等によるたんの吸引等の実施のための研修事業」の実施について」（平成23年10月6日老発1006第1号厚生労働省老健局長通知）に基づく研修について、基本研修及び実地研修を修了した行為

○平成22年度に厚生労働省から委託を受けて実施された「介護職員によるたんの吸引等の試行事業（特定の者対象)」の研修（平成22年度老人保健健康増進等事業「介護職員によるたんの吸引等の試行事業の研修のあり方に関する調査研究事業」）について、基本研修及び実地研修を修了した行為

○「平成23年度介護職員等によるたんの吸引等の実施のための研修事業（特定の者対象)の実施について」（平成23年11月11日障発1111第2号厚生労働省社会・援護局障害保健福祉部長通知）に基づく研修について、基本研修及び実地研修を修了した行為

（3） 申請に添付する書類

改正省令附則第4条第1項第2号及び第3号に定める書類については、以下のとおりであること。

・第2号：認定を受けようとする者本人の誓約書及び第三者による証明書

・第3号：実施状況確認書

（4） 認定特定行為業務従事者認定証の管理

改正法附則第14条第2項に基づき交付した認定特定行為業務従事者認定証については、省令附則第6条各号及び改正省令附則第4条第1項各号のほか、法附則第4条第3項及び第4項に関する確認欄等を含めた「認定特定行為業務従事者認定証登録簿（改正法附則第14条関係）」を作成し保管を行うこと。

第9　その他

（1） 登録特定行為事業者に関する特例

平成24年4月1日から平成27年3月31日までの間に法附則第20条第1項の登録を受けた登録特定行為事業者のうち、平成27年4月1日において介護福祉士以外の介護従事者を使用することなく、喀痰吸引等の業務を行っている場合は、改めて法第48条の3第1項の都道府県知事の登録（登録喀痰吸引等事業者としての登録）を受ける必要はないものとすること。

（2）　喀痰吸引等登録実施状況の報告

　　　都道府県は、登録喀痰吸引等事業者数（登録特定行為事業者数）、登録研修機関数及び喀痰吸引等研修課程数、認定特定行為業務従事者認定証の交付件数等について、毎年4月1日現在の状況について、毎年5月31日までに、別途通知する都道府県喀痰吸引等実施状況報告書により厚生労働省社会・援護局福祉基盤課宛に報告を行うこと。

　　　なお、事故や違法行為発生時など緊急性の高い事案に関する情報提供についてはこの限りではないこと。

（3）　実質的違法性阻却通知の取扱い

　　　介護職員等による喀痰吸引等の実施については、第8の3―（2）「具体的な経過措置対象の範囲」に示す厚生労働省医政局長通知により、当面のやむを得ない措置として、在宅、特別養護老人ホーム及び特別支援学校において一定の要件の下に認めるものと取り扱っているが、当該通知について、新制度施行後に、その普及・定着の状況を勘案し、特段の事情がある場合を除いて原則として廃止する予定であること。

※なお、法の規定に基づく「社会福祉士及び介護福祉士法施行令（昭和62年政令第402号）」の公布時期は、11月下旬を予定しており、この通知に示す同施行令の条数は、暫定のものである旨、合わせて申し添える。

社会福祉士及び介護福祉士法施行規則（抄）

（昭和62年12月15日）
（厚生省令第49号）

注　令和3年8月6日厚生労働省令第138号改正現在

＊喀痰吸引等に関係する条文を収載しました。

第1章　総則

（医師の指示の下に行われる行為）

第1条　社会福祉士及び介護福祉士法（昭和62年法律第30号。以下「法」という。）第2条第2項の厚生労働省令で定める医師の指示の下に行われる行為は、次のとおりとする。

一　口腔内の喀痰吸引

二　鼻腔内の喀痰吸引

三　気管カニューレ内部の喀痰吸引

四　胃ろう又は腸ろうによる経管栄養

五　経鼻経管栄養

第2章　介護福祉士

（介護福祉士の登録事項）

第24条の2　法第42条第1項の厚生労働省令で定める事項は、次のとおりとする。

一　登録番号及び登録年月日

二　本籍地都道府県名（日本国籍を有しない者については、その国籍）

三　介護福祉士試験に合格した年月

四　第1条各号に掲げる行為のうち実地研修を修了したもの

第2章の2　登録喀痰吸引等事業者

（登録の申請）

第26条の2　法第48条の3第2項の登録を受けようとする者は、申請書に次に掲げる書類を添えて、これを当該申請に係る事業所の所在地を管轄する都道府県知事に提出しなければならない。

一　申請者が法人である場合は、その定款又は寄付行為及び登記事項証明書

二　申請者が個人である場合は、その住民票の写し

三　申請者が法第48条の4各号に該当しないことを誓約する書面

四　申請者が法第48条の5第1項各号に掲げる要件の全てに適合していることを明らかにする書類

2　法第48条の3第2項第4号の厚生労働省令で定める事項は、法第2条第2項に規定する喀痰吸引等（以下「喀痰吸引等」という。）を行う介護福祉士の氏名とする。

（登録基準）

第 26 条の 3 法第 48 条の 5 第 1 項第 1 号の厚生労働省令で定める基準は、次のとおりとする。

一 介護福祉士による喀痰吸引等の実施に際し、医師の文書による指示を受けること。

二 喀痰吸引等を必要とする者（以下「対象者」という。）の状態について、医師又は看護職員（保健師、助産師、看護師又は准看護師をいう。以下同じ。）による確認を定期的に行い、当該対象者に係る心身の状況に関する情報を介護福祉士と共有することにより、医師又は看護職員及び介護福祉士の間における連携を確保するとともに、当該医師又は看護職員と当該介護福祉士との適切な役割分担を図ること。

三 対象者の希望、医師の指示及び心身の状況を踏まえて、医師又は看護職員との連携の下に、喀痰吸引等の実施内容その他の事項を記載した計画書を作成すること。

四 喀痰吸引等の実施状況に関する報告書を作成し、医師に提出すること。

五 対象者の状態の急変等に備え、速やかに医師又は看護職員への連絡を行えるよう、緊急時の連絡方法をあらかじめ定めておくこと。

六 前各号に掲げる事項その他必要な事項を記載した法第 48 条の 3 第 1 項に規定する喀痰吸引等業務（次項第 2 号及び第 7 号において「喀痰吸引等業務」という。）に関する書類を作成すること。

2 法第 48 条の 5 第 1 項第 2 号の厚生労働省令で定める措置は、次のとおりとする。

一 第 1 条各号に掲げる行為のうち介護福祉士に行わせようとするものについて、当該介護福祉士が基本研修又は社会福祉士介護福祉士養成施設指定規則（昭和 62 年厚生省令第 50 号）別表第 4 若しくは別表第 5 若しくは社会福祉士介護福祉士学校指定規則附則第 2 条第 1 項第 2 号の表、別表第 4、別表第 4 の 2 若しくは別表第 5 に定める医療的ケア（次号において「医療的ケア」という。）を修了している場合であつて、実地研修を修了している場合にのみその介護福祉士にこれを行わせること。

二 第 1 条各号に掲げる行為のうち介護福祉士に行わせようとするものについて、当該介護福祉士が基本研修又は医療的ケアを修了している場合であつて、実地研修を修了していない場合には、その介護福祉士に対して次に掲げる要件を満たす実地研修を行うこと。

　イ 第 1 条各号に掲げる行為の区分に応じ、それぞれ当該行為を別表第 1 第 2 号の表右欄に定める回数以上実施するものであり、かつ、介護福祉士が修得すべき知識及び技能について、医師、保健師、助産師又は看護師（別表第 3 において「医師等」という。）が当該行為に関し適切にその修得の程度を審査するものであること。

　ロ イの審査により、実地研修において修得すべき知識及び技能を修得したと認められる介護福祉士に対して、実地研修修了証を交付するものであること。

　ハ ロの実地研修修了証を交付した場合には、当該実地研修修了証の交付を受けた介護福祉士の氏名、生年月日、住所及び交付年月日を記載した帳簿を作成するとともに、喀痰吸引等業務を廃止するまで保存するものであること。

　ニ 実地研修修了証の交付状況について、定期的に前条第 1 項の都道府県知事に報告するものであること。

三　医師又は看護職員を含む者で構成される安全委員会の設置、喀痰吸引等を安全に実施するための研修体制の整備その他の対象者の安全を確保するために必要な体制を確保すること。

四　喀痰吸引等の実施のために必要な備品等を備えること。

五　前号の備品等について衛生的な管理に努めることその他の感染症の発生を予防するために必要な措置を講ずるよう努めること。

六　前項第３号の計画書の内容を対象者又はその家族等に説明し、その同意を得ること。

七　喀痰吸引等業務に関して知り得た情報を適切に管理し、及び秘密を保持するために必要な措置を講じること。

3　法第48条の5第1項第3号の厚生労働省令で定める場合は、介護福祉士が医療法第1条の5第1項に規定する病院又は同条第2項に規定する診療所において喀痰吸引等を実施する場合とする。

　　　附　　則　（抄）

（施行期日）

第1条　この省令は、昭和63年4月1日から施行する。

（特定行為）

第4条　法附則第3条第1項に規定する特定行為（以下「特定行為」という。）は、次の表の左欄に掲げる喀痰吸引等研修（法附則第4条第2項に規定する喀痰吸引等研修をいう。以下同じ。）の課程に応じ、それぞれ同表の右欄に定めるものとする。

喀痰吸引等研修の課程	特定行為
別表第1第1号の基本研修及び同表第2号の実地研修（附則第13条において「第1号研修」という。）	第1条各号に掲げる行為
別表第2第1号の基本研修及び同表第2号の実地研修（附則第13条において「第2号研修」という。）	第1条各号に掲げる行為のうち、別表第2第2号の実地研修を修了したもの
別表第3第1号の基本研修及び同表第2号の実地研修（附則第13条において「第3号研修」という。）	第1条各号に掲げる行為のうち、別表第3第2号の実地研修を修了したもの

（認定特定行為業務従事者認定証の交付の申請）

第5条　法附則第4条第1項の認定特定行為業務従事者認定証（以下「認定特定行為業務従事者認定証」という。）の交付を受けようとする者は、次に掲げる事項を記載した申請書に、附則第13条第3号の喀痰吸引等研修を修了したことを証する書類及び住民票の写しを添えて、これを都道府県知事に提出しなければならない。

一　氏名及び生年月日

二　喀痰吸引等研修を修了した特定行為

三　その他必要な事項

（認定特定行為業務従事者認定証の記載事項）

第6条　認定特定行為業務従事者認定証には、次に掲げる事項を記載するものとする。

一　法附則第3条第1項に規定する認定特定行為業務従事者（以下「認定特定行為業務従事者」

という。）の氏名及び生年月日

二　認定特定行為業務従事者が行う特定行為

三　その他必要な事項

（変更の届出）

第7条　認定特定行為業務従事者は、附則第5条各号に掲げる事項に変更があつたときは、認定特定行為業務従事者認定証を交付した都道府県知事にその旨を届け出なければならない。

（認定特定行為業務従事者認定証の再交付の申請等）

第8条　認定特定行為業務従事者は、認定特定行為業務従事者認定証を汚損し、又は失つたときは、遅滞なく、再交付申請書を、汚損した場合にあつては、当該認定特定行為業務従事者認定証を添えて、これを認定特定行為業務従事者認定証を交付した都道府県知事に提出しなければならない。

2　認定特定行為業務従事者は、前項の申請をした後、失つた認定特定行為業務従事者認定証を発見したときは、速やかにこれを認定特定行為業務従事者認定証を交付した都道府県知事に返納しなければならない。

（死亡等の届出）

第8条の2　認定特定行為業務従事者が次のいずれかに該当するに至つた場合には、当該各号に掲げる者は、遅滞なく、その旨を都道府県知事に届け出なければならない。

一　死亡し、又は失踪の宣告を受けた場合　戸籍法（昭和22年法律第224号）に規定する届出義務者

二　法附則第4条第3項第1号に該当するに至つた場合　当該認定特定行為業務従事者又は同居の親族若しくは法定代理人

三　法附則第4条第3項第2号から第4号までのいずれかに該当するに至つた場合　当該認定特定行為業務従事者又は法定代理人

2　前項の届出（同項第1号に掲げる者による届出に限る。）には、認定特定行為業務従事者認定証を添付しなければならない。

（委託契約書の作成）

第9条　法附則第5条第1項の規定による認定特定行為業務従事者認定証に関する事務の委託は、あらかじめ、都道府県知事と当該都道府県の区域に所在する法附則第4条第2項に規定する登録研修機関（附則第15条において「登録研修機関」という。）の間で、委託契約書を作成して行うものとする。

（登録の申請）

第10条　法附則第6条の登録の申請をしようとする者は、次に掲げる事項を記載した申請書を、当該申請に係る事業所の所在地を管轄する都道府県知事に提出しなければならない。

一　氏名又は名称及び住所並びに法人にあつては、その代表者の氏名

二　事業所の名称及び所在地

三　喀痰吸引等研修の業務開始の予定年月日

四　喀痰吸引等研修の内容

2　前項の申請書には、次に掲げる書類を添付しなければならない。

一　申請者が法人である場合は、その定款又は寄付行為及び登記事項証明書

二　申請者が個人である場合は、その住民票の写し

三　申請者が法附則第7条各号に該当しないことを誓約する書面

四　申請者が法附則第8条第1項各号に掲げる要件の全てに適合していることを明らかにする書類

（登録基準）

第11条　法附則第8条第1項第2号の厚生労働省令で定める者は、医師、保健師、助産師及び看護師とする。

2　法附則第8条第1項第3号の厚生労働省令で定める基準は、次のとおりとする。

一　喀痰吸引等研修の講師の数は、当該喀痰吸引等研修を受ける者（以下「受講者」という。）の人数を勘案して十分な数を確保すること。

二　喀痰吸引等研修に必要な機械器具、図書その他の設備を有すること。

三　喀痰吸引等研修の業務を適正かつ確実に実施するために必要な経理的基礎を有すること。

四　喀痰吸引等研修の講師の氏名及び担当する科目を記載した書類を備えること。

五　喀痰吸引等研修の課程ごとに、修了者の氏名、生年月日、住所及び修了年月日を記載した帳簿を作成し、喀痰吸引等研修の業務を廃止するまで保存すること。

六　喀痰吸引等研修の課程ごとの修了者の氏名、生年月日、住所及び修了年月日を記載した研修修了者一覧表を、定期的に前条第1項の都道府県知事に提出すること。

（研修機関登録簿の記載事項）

第12条　法附則第8条第2項第5号の厚生労働省令で定める事項は、喀痰吸引等研修の課程とする。

（喀痰吸引等研修の実施基準）

第13条　法附則第10条の厚生労働省令で定める基準は、次のとおりとする。

一　研修の内容は、イからハまでに掲げる喀痰吸引等研修の課程に応じ、それぞれ次に定めるものであること。

イ　第1号研修　次の⑴から⑶までに掲げる基準を満たすこと。

⑴　別表第1第1号の基本研修のうち講義にあつては、同号の講義の表右欄に定める時間数以上であること。

⑵　別表第1第1号の基本研修のうち演習にあつては、同号の演習の表右欄に定める回数以上であること。

⑶　別表第1第2号の実地研修にあつては、同号の表右欄に定める回数以上であること。

ロ　第2号研修　次の⑴から⑶までに掲げる基準を満たすこと。

⑴　別表第2第1号の基本研修のうち講義にあつては、同号の講義の表右欄に定める時間数以上であること。

⑵　別表第2第1号の基本研修のうち演習にあつては、同号の演習の表右欄に定める回数以上であること。

(3)　別表第2第2号の実地研修にあつては、同号の表右欄に定める回数以上であること。

　ハ　第3号研修　次の(1)及び(2)に掲げる基準を満たすこと。

　　(1)　別表第3第1号の基本研修にあつては、同号の表右欄に定める時間数以上であること。

　　(2)　別表第3第2号の実地研修にあつては、同号の表右欄に定める回数以上であること。

二　喀痰吸引等研修に係る講義、演習及び実地研修（以下この号及び次号において「講義等」という。）において、受講者が修得すべき知識及び技能について、各講義等ごとに適切にその修得の程度を審査すること。

三　前号の審査により、講義等において修得すべき知識及び技能を修得したと認められる受講者に対して、喀痰吸引等研修を修了したことを証する書類を交付すること。

（業務規程の記載事項）

第14条　法附則第12条第2項の厚生労働省令で定める事項は、次のとおりとする。

一　喀痰吸引等研修の受付方法、実施場所、実施時期、実施体制その他の喀痰吸引等研修の実施方法に関する事項

二　喀痰吸引等研修に関する安全管理のための体制に関する事項

三　喀痰吸引等研修に関する料金に関する事項

四　喀痰吸引等研修の業務に関して知り得た秘密の保持に関する事項

五　喀痰吸引等研修の業務の実施に係る帳簿及び書類の保存に関する事項

六　その他喀痰吸引等研修の業務に関し必要な事項

（業務の休廃止の届出）

第15条　登録研修機関は、法附則第13条の規定により喀痰吸引等研修の業務の全部又は一部を休止し、又は廃止しようとするときは、次に掲げる事項を記載した届出書を附則第10条第1項の都道府県知事に提出しなければならない。

一　休止し、又は廃止しようとする喀痰吸引等研修の業務の範囲

二　休止し、又は廃止しようとする年月日及び休止しようとする場合にあつては、その期間

三　休止又は廃止の理由

（準用）

第16条　第26条の2及び第26条の3の規定は法附則第20条第1項の登録について準用する。この場合において、これらの規定中「喀痰吸引等」とあるのは「特定行為」と、「介護福祉士」とあるのは「認定特定行為業務従事者」と、第26条の2第1項中「法第48条の3第2項」とあるのは「法附則第20条第1項」と、同項第3号中「法第48条の4各号」とあるのは「法附則第20条第2項において準用する法第48条の4各号」と、同項第4号中「法第48条の5第1項各号」とあるのは「法附則第20条第2項において準用する法第48条の5第1項各号」と、同条第2項中「法第48条の3第2項第4号」とあるのは「法附則第20条第2項において準用する法第48条の3第2項第4号」と、「法第2条第2項」とあるのは「法附則第3条第1項」と、第26条の3第1項中「法第48条の5第1項第1号」とあるのは「法附則第20条第2項において準用する法第48条の5第1項第1号」と、同項第6号中「法第48条の3第1項」とあるのは「法附則第20条第1項」と、「喀痰吸引等業務」とあるのは「特定行為業務」と、同条第2項中「法第

48条の5第1項第2号」とあるのは「法附則第20条第2項において準用する法第48条の5第1項第2号」と、同項第1号及び第2号中「第1条各号に掲げる行為」とあるのは「特定行為」と、同号イ中「別表第1第2号」とあるのは「別表第1第2号、別表第2第2号又は別表第3第2号」と、同号ハ及び同項第7号中「喀痰吸引等業務」とあるのは「特定行為業務」と、同条第3項中「法第48条の5第1項第3号」とあるのは「法附則第20条第2項において準用する法第48条の5第1項第3号」と読み替えるものとする。

＊第16条の（準用）を読み替えました。──部分は読み替え部分です。

（登録の申請）

第26条の2 法附則第20条第1項の登録を受けようとする者は、申請書に次に掲げる書類を添えて、これを当該申請に係る事業所の所在地を管轄する都道府県知事に提出しなければならない。

一 申請者が法人である場合は、その定款又は寄付行為及び登記事項証明書

二 申請者が個人である場合は、その住民票の写し

三 申請者が法附則第20条第2項において準用する法第48条の4各号に該当しないことを誓約する書面

四 申請者が法附則第20条第2項において準用する法第48条の5第1項各号に掲げる要件の全てに適合していることを明らかにする書類

2 法附則第20条第2項において準用する法第48条の3第2項第4号の厚生労働省令で定める事項は、法附則第3条第1項に規定する特定行為（以下「特定行為」という。）を行う認定特定行為業務従事者の氏名とする。

（登録基準）

第26条の3 法附則第20条第2項において準用する法第48条の5第1項第1号の厚生労働省令で定める基準は、次のとおりとする。

一 認定特定行為業務従事者による特定行為の実施に際し、医師の文書による指示を受けること。

二 特定行為を必要とする者（以下「対象者」という。）の状態について、医師又は看護職員（保健師、助産師、看護師又は准看護師をいう。以下同じ。）による確認を定期的に行い、当該対象者に係る心身の状況に関する情報を認定特定行為業務従事者と共有することにより、医師又は看護職員及び認定特定行為業務従事者の間における連携を確保するとともに、当該医師又は看護職員と当該認定特定行為業務従事者との適切な役割分担を図ること。

三 対象者の希望、医師の指示及び心身の状況を踏まえて、医師又は看護職員との連携の下に、特定行為の実施内容その他の事項を記載した計画書を作成すること。

四 特定行為の実施状況に関する報告書を作成し、医師に提出すること。

五 対象者の状態の急変等に備え、速やかに医師又は看護職員への連絡を行えるよう、緊急時の連絡方法をあらかじめ定めておくこと。

六 前各号に掲げる事項その他必要な事項を記載した法附則第20条第1項に規定する特定行為業務（次項第2号及び第7号において「特定行為業務」という。）に関する書類を作成す

ること。

2　法附則第20条第2項において準用する法第48条の5第1項第2号の厚生労働省令で定める措置は、次のとおりとする。

一　特定行為のうち認定特定行為業務従事者に行わせようとするものについて、当該認定特定行為業務従事者が基本研修又は社会福祉士介護福祉士養成施設指定規則（昭和62年厚生省令第50号）別表第4若しくは別表第5若しくは社会福祉士介護福祉士学校指定規則附則第2条第1項第2号の表、別表第4、別表第4の2若しくは別表第5に定める医療的ケア（次号において「医療的ケア」という。）を修了している場合であつて、実地研修を修了している場合にのみその認定特定行為業務従事者にこれを行わせること。

二　特定行為のうち認定特定行為業務従事者に行わせようとするものについて、当該認定特定行為業務従事者が基本研修又は医療的ケアを修了している場合であつて、実地研修を修了していない場合には、その認定特定行為業務従事者に対して次に掲げる要件を満たす実地研修を行うこと。

イ　特定行為の区分に応じ、それぞれ当該行為を別表第1第2号、別表第2第2号又は別表第3第2号の表右欄に定める回数以上実施するものであり、かつ、認定特定行為業務従事者が修得すべき知識及び技能について、医師、保健師、助産師又は看護師（別表第3において「医師等」という。）が当該行為に関し適切にその修得の程度を審査するものであること。

ロ　イの審査により、実地研修において修得すべき知識及び技能を修得したと認められる認定特定行為業務従事者に対して、実地研修修了証を交付するものであること。

ハ　ロの実地研修修了証を交付した場合には、当該実地研修修了証の交付を受けた認定特定行為業務従事者の氏名、生年月日、住所及び交付年月日を記載した帳簿を作成するとともに、特定行為業務を廃止するまで保存するものであること。

ニ　実地研修修了証の交付状況について、定期的に前条第1項の都道府県知事に報告するものであること。

三　医師又は看護職員を含む者で構成される安全委員会の設置、特定行為を安全に実施するための研修体制の整備その他の対象者の安全を確保するために必要な体制を確保すること。

四　特定行為の実施のために必要な備品等を備えること。

五　前号の備品等について衛生的な管理に努めることその他の感染症の発生を予防するために必要な措置を講ずるよう努めること。

六　前項第3号の計画書の内容を対象者又はその家族等に説明し、その同意を得ること。

七　特定行為業務に関して知り得た情報を適切に管理し、及び秘密を保持するために必要な措置を講じること。

3　法附則第20条第2項において準用する法第48条の5第1項第3号の厚生労働省令で定める場合は、認定特定行為業務従事者が医療法第1条の5第1項に規定する病院又は同条第2項に規定する診療所において特定行為を実施する場合とする。

附　　則　（平成 23 年 10 月 3 日厚生労働省令第 126 号）

（施行期日）

第1条　この省令は、平成 24 年 4 月 1 日から施行する。

（経過措置）

第2条　介護サービスの基盤強化のための介護保険法等の一部を改正する法律（以下「改正法」という。）附則第 12 条第 1 項の規定により読み替えられた改正法第 5 条の規定による改正後の社会福祉士及び介護福祉士法（以下「新法」という。）第 2 条第 2 項の規定を適用する場合については、この省令による改正後の社会福祉士及び介護福祉士法施行規則（以下「新規則」という。）第 1 条の規定は適用せず、この省令による改正前の社会福祉士及び介護福祉士法施行規則目次及び第 1 章（第 1 条及び第 9 条の規定に限る。）の規定は、なおその効力を有する。

2　改正法附則第 12 条第 1 項の規定により読み替えられた新法附則第 3 条第 1 項の厚生労働省令で定める医師の指示の下に行われる行為は、次のとおりとする。

　一　口腔内の喀痰吸引

　二　鼻腔内の喀痰吸引

　三　気管カニューレ内部の喀痰吸引

　四　胃ろう又は腸ろうによる経管栄養

　五　経鼻経管栄養

3　新規則第 24 条の 2、第 26 条、第 26 条の 2 及び第 26 条の 3 の規定は、平成 28 年 3 月 31 日までは適用しない。

第3条　改正法附則第 13 条第 2 項の申請をしようとする特定登録者は、申請書に次に掲げる書類を添えて、これを厚生労働大臣に提出しなければならない。

　一　住民票の写し

　二　改正法附則第 13 条第 3 項に規定する指定研修課程を修了したことを証する書類

　三　現に交付を受けている介護福祉士登録証

　四　その他必要な書類

第4条　改正法附則第 14 条第 1 項の規定による都道府県知事の認定を受けようとする者は、申請書に次に掲げる書類を添えて、これを都道府県知事に提出しなければならない。

　一　住民票の写し

　二　新法附則第 3 条第 1 項に規定する特定行為を適切に行うために必要な知識及び技能を修得した者であることを証する書類

　三　その他必要な書類

2　改正法附則第 14 条第 3 項の規定により読み替えられた新法附則第 3 条第 1 項の厚生労働省令で定める医師の指示の下に行われる行為は、次のとおりとする。

　一　口腔内の喀痰吸引

　二　鼻腔内の喀痰吸引

　三　気管カニューレ内部の喀痰吸引

四　胃ろう又は腸ろうによる経管栄養

五　経鼻経管栄養

第5条　平成 28 年 4 月 1 日において新法附則第 20 条第 1 項の登録を受けている者であって新法第 48 条の 3 第 1 項に規定する喀痰吸引等業務を行っているものは、新規則第 26 条の 2 第 1 項の申請書を当該申請に係る事業所の所在地を管轄する都道府県知事に提出しない場合においても、同日に新法第 48 条の 3 第 1 項の登録を受けたものとみなす。

別表第1（第 26 条の 3、附則第 4 条、附則第 13 条関係）

一　基本研修

①　講義

科　　　　　　　　　目	時　間　数
人間と社会	1.5
保健医療制度とチーム医療	2
安全な療養生活	4
清潔保持と感染予防	2.5
健康状態の把握	3
高齢者及び障害児・者の喀痰吸引概論	11
高齢者及び障害児・者の喀痰吸引実施手順解説	8
高齢者及び障害児・者の経管栄養概論	10
高齢者及び障害児・者の経管栄養実施手順解説	8
合　　　　　　　　　計	50

②　演習

行　　　　　　　　　為	回　　数
口腔内の喀痰吸引	5 回以上
鼻腔内の喀痰吸引	5 回以上
気管カニューレ内部の喀痰吸引	5 回以上
胃ろう又は腸ろうによる経管栄養	5 回以上
経鼻経管栄養	5 回以上
救急蘇生法	1 回以上

二　実地研修

行　　　　　　　　　為	回　　数
口腔内の喀痰吸引	10 回以上
鼻腔内の喀痰吸引	20 回以上
気管カニューレ内部の喀痰吸引	20 回以上
胃ろう又は腸ろうによる経管栄養	20 回以上
経鼻経管栄養	20 回以上

別表第2（附則第4条、附則第13条関係）

一　基本研修

　①　講義

科　　　　　　　　　　　　　　目	時　間　数
人間と社会	1.5
保健医療制度とチーム医療	2
安全な療養生活	4
清潔保持と感染予防	2.5
健康状態の把握	3
高齢者及び障害児・者の喀痰吸引概論	11
高齢者及び障害児・者の喀痰吸引実施手順解説	8
高齢者及び障害児・者の経管栄養概論	10
高齢者及び障害児・者の経管栄養実施手順解説	8
合　　　　　　　　　　　計	50

　②　演習

行　　　　　　　　　　　　　　為	回　　数
口腔内の喀痰吸引	5回以上
鼻腔内の喀痰吸引	5回以上
気管カニューレ内部の喀痰吸引	5回以上
胃ろう又は腸ろうによる経管栄養	5回以上
経鼻経管栄養	5回以上
救急蘇生法	1回以上

二　実地研修

行　　　　　　　　　　　　　　為	回　　数
口腔内の喀痰吸引	10回以上
鼻腔内の喀痰吸引	20回以上
気管カニューレ内部の喀痰吸引	20回以上
胃ろう又は腸ろうによる経管栄養	20回以上
経鼻経管栄養	20回以上

別表第 3（附則第 4 条、附則第 13 条関係）

一　基本研修

科　　　　　　　　　　　目	時　間　数
重度障害児・者等の地域生活等に関する講義	2
喀痰吸引等を必要とする重度障害児・者等の障害及び支援に関する講義	6
緊急時の対応及び危険防止に関する講義	
喀痰吸引等に関する演習	1
合　　　　　　　　　　計	9

二　実地研修

行　　　　　　　　　　為	回　　　数
口腔内の喀痰吸引	医師等の評価において、受講者が習得すべき知識及び技能を修得したと認められるまで実施
鼻腔内の喀痰吸引	
気管カニューレ内部の喀痰吸引	
胃ろう又は腸ろうによる経管栄養	
経鼻経管栄養	

新版
介護職員等による
喀痰吸引・経管栄養研修テキスト　指導者用
──指導上の留意点とＱ＆Ａ

2021 年 12 月 10 日　初　版　発　行
2023 年 11 月 10 日　　初版第 2 刷発行

編　集　一般社団法人全国訪問看護事業協会

発行者　荘村明彦

発行所　中央法規出版株式会社
　　　　〒 110-0016　東京都台東区台東 3-29-1　中央法規ビル
　　　　TEL 03-6387-3196
　　　　https://www.chuohoki.co.jp/

装幀・デザイン　株式会社ジャパンマテリアル
印刷・製本　　　株式会社太洋社

ISBN978-4-8058-8426-3

本書の内容に関するご質問については、下記 URL から「お問い合わせフォーム」にご入力いただきますようお願いいたします。
https://www.chuohoki.co.jp/contact/